拒绝的艺术

李元秀　著

中国商业出版社

图书在版编目（CIP）数据

拒绝的艺术 / 李元秀著．-- 北京：中国商业出版社，2026. 1. -- ISBN 978-7-5208-3551-0

Ⅰ．C912.11-49

中国国家版本馆 CIP 数据核字第 2025LB1034 号

责任编辑：许启民

策划编辑：武维胜

中国商业出版社出版发行

（www.zgsycb.com　100053　北京广安门内报国寺1号）

总编室：010-63180647　编辑室：010-83128926

发行部：010-83120835/8286

新华书店经销

三河市富华印刷包装有限公司印刷

*

710毫米 × 1000毫米　16开　14印张　180千字

2026年1月第1版　2026年1月第1次印刷

定价：65.00元

****

（如有印装质量问题可更换）

前　言

在人际交往中，我们常常面临一个两难的选择：是顺从他人的请求，还是坚持自己的立场？很多时候，出于礼貌、习惯或对关系的顾虑，我们选择了前者，即使这意味着牺牲自己的时间、精力甚至内心的真实感受。然而，随着时间的推移，我们逐渐意识到，一味地迎合他人并不能带来真正的尊重与满足，反而可能让自己陷入疲惫与困惑。

恭顺谦和、礼貌谦卑一直都是我们的传统美德，但是顺从并不意味着事事都要忍让，委曲求全。总是不好意思拒绝，只会让自己被别有用心之人利用，被适者生存的社会法则抛弃。

有时候，我们会害怕拒绝，因为我们担心伤害对方的感情，担心自己变得冷漠、不通情理。但事实上，拒绝并不等于不善良，它只是在告诉别人："我有自己的需求和底线，我尊重你，也希望你尊重我。"拒绝是一种智慧，只有懂得拒绝的人，才能真正掌控自己的生活，不被外界的需求牵着走。

拒绝的力量，来自清晰的自我认知。只有我们知道自己真正需要什么，知道自己的底线在哪里，才能在面对他人的要求时，作出理性的判断。有时候，一句简单的"抱歉，我做不到"不仅能给自己留出空间，还能让对方明白，我们的善良是有原则的，而不是毫无条件的奉献。

当我们学会了拒绝，我们会发现自己变得更加从容，内心也不再那么焦虑。我们不再让别人左右自己的情绪，也不再为了一时的善意而迷失自己，我们的生活也会因此变得更加自由，内心更加平和。

一个人懂得拒绝，就意味着在和别人相处的时候有着鲜明的边界意识，因为当一个人的边界不清晰的时候，关系中很容易出现中糨糊逻辑，会让自己失去边界感，并给自己带来不必要的麻烦。

本书正是为了帮助那些在人际关系中感到压力、困惑甚至迷失自我的人，找到一种平衡的方式，既能维护自己的边界感，又能与他人保持健康和谐的关系。拒绝并不是冷漠或自私的表现，而是一种自我保护和自我尊重的必要手段。通过学会拒绝，我们可以更好地掌控自己的生活，减少不必要的负担，从而将精力集中在真正重要的事情上。

本书不仅是一本关于社会心理学的书，也是一本关于生活工作技能的书，因为所有的生活都是"是"和"不"的舞蹈。我们每个人随时都要在"是"和"不"中作出选择，无论是对朋友、家人、老板、员工、同事，还是对自己。我们是否会说"是"和"不"以及如何说"是"和"不"决定了我们的生活质量。对我们来说，"不"可能是我们需要学会优雅、有效地说出的最重要的词。无论是职场中的新人，还是生活中的"老好人"，这本书都将为他们提供有价值的指导，帮助他们在复杂的人际关系中找到属于自己的节奏。

拒绝并不意味着关系的终结，相反地，它是一种成熟的表现，是对自己和他人负责的态度。希望通过阅读本书，读者能够更加自信地面对生活中的各种请求，学会在适当的时候说"不"，从而活出更加自由、充实的人生。

目　录

第一章
拒绝是艺术，更是人生必修课

人活在这个世界上，总有人会对我们有需求，或委婉，或可怜，或强硬。总会有人无数次尝试突破我们的极限，让我们感到不舒服。但这是他们的事，要拒绝？这取决于我们是否可以说不。拒绝其实是一门艺术，我们拒绝的时候要讲究语言艺术，应该体现出个人品德和修养，使别人在我们的拒绝中，一样能感觉到我们是真诚的、善意的、可信的，让被拒绝的人心悦诚服且并不会在彼此心里留下裂痕。

边界感与自我价值的捍卫

在现实社会中人际关系错综复杂，有很多人和事是难以拒绝的：上司要我们加班；哥们儿要我们帮忙；老友向我们推销东西……很多次明明想说“不”，却又把这个字吞到肚子里，过后自责不已，悔不当初，最后陷入不安与沮丧中，久久无法释怀。

难以拒绝不等于我们不要拒绝，学会拒绝对我们很重要。

当我们委屈自己让别人高兴时，他们并没有以同等的好意回报我们，甚至已习惯“利用”我们。久而久之，我们就开始牢骚满腹，抱怨连连，这不只对不起自己，也连累了周围的人，因为我们的不快会让他们备受煎熬。

意大利作家奥琳埃娜·法拉奇曾这样说：“人类尊严的最美妙的时刻仍然是我在伯罗奔尼撒山上所见到的情景，它不是一座塑像，不是一面旗帜，而是三个希腊字母 OXI，意思是‘不’。”

的确我们应该拒绝肤浅，接纳深沉；拒绝憎恶，接纳宽容、关怀和容忍；拒绝虚伪，接纳真诚；拒绝假、恶、丑，接纳真、善、美……

生活中，总会有一条诱惑的大路在脚下延伸，只有学会拒绝，才不会步入歧途。

可是我们在有可能从容拒绝的日子里，却胆怯而迟疑地挥霍了光阴。我们推迟拒绝，我们惧怕拒绝，只要有一分可能，就鸵鸟式地缩进沙砾。殊不知当我们选择拒绝的时候，更应该冷静和周全，更应有充分的时间分析利弊与后果。拒绝应该是慎重思考之后一枚成熟的浆果，而不是强行捋下的酸葡萄。

拒绝的本质是一种丧失，它与温柔热烈的赞同相比，折射出冷峻的付出与掷地有声的清脆，更需要果决的判断和一往无前的勇气。

拒绝不像选择那样令人心情舒畅，它森严的外衣里裹着我们始料不及的风刀霜剑，像一种后劲很大的烈酒，在漫长的夜晚，使我们头晕目眩。

于是我们本能地惧怕拒绝。我们在无数应该说“不”的场合沉默，我们在理应拒绝的时刻延宕不决。我们推迟拒绝的那一刻，梦想拒绝的冰冷体积，会随着时光的流逝逐渐缩小以至消失。

可惜这只是我们善良的愿望，真实的情境往往适得其反。我们之所以拒绝，是因为我们不得不拒绝。

不拒绝，那本该被拒绝的事物，就像菜花状的癌肿，蓬蓬勃勃地生长着，浸润着，侵蚀着我们的生命，一天比一天更加难以救治。

拒绝是苦，然而那是一时之苦，阵痛之后便是安宁。

不拒绝是忍，心字上面一把刀。忍是有限度的，到了忍无可忍的那一刻，贻误的是时间，收获的是更大的痛苦与麻烦。

拒绝是对一个人胆魄和心智的考验。

因为拒绝，我们将伤害一些人。这就像春风必将吹尽落红一样，有时是一种进行中的必然。如果我们始终不拒绝，就不会伤害别人，但是我们伤害了一个跟自己更亲密的人，那就是自己。

拒绝的味道，并不可口。当我们鼓起勇气拒绝以后，忧郁的惆怅就会伴随着我们，一种灵魂被挤压的感觉，久久挥之不去。

因为惧怕这种难以言说的感觉，我们有意无意地减少了拒绝。

在人生所有的决定里，拒绝是属于破坏而难以弥补的粉碎性行为。这一特质决定了我们在作出拒绝的时候，需要格外的镇定与慎重。

然而拒绝一旦作出，就像打破了的牛奶杯，再不会复原。它凝固在我们的脚步里，无论正确与否，都不必原地长久停留。

拒绝是没有过错的，该负责任的是我们在拒绝前作出的判断。不必害怕拒绝，我们只需更周密的决断。

拒绝是一种删繁就简，拒绝是一种举重若轻，拒绝是一种大智若愚，拒绝是一种水落石出。

当利益像万花筒一般使你眼花缭乱之时，我们会在混沌之中模糊了视线，尝试一下拒绝吧。

依次拒绝那些自己最不喜欢的人和事，真爱就像退潮时的礁岩，嶙峋地凸现出来，等待你的攀缘。

当我们抱怨时间像被无数餐刀分割的蛋糕，再也找不到属于自己的那朵奶油花时，尝试一下拒绝吧。

我们拒绝所有可做可不做的事，时间就像湿毛巾里的水，一滴一滴地拧出来了。

当我们发现生活中蕴含着太多的苦恼，已经迫近一个人能够忍受的极限、情绪面临崩溃的边缘时，尝试一下拒绝吧。

我们也许会发现，我们以前不敢拒绝，是为了怕增添烦恼。但是恰恰相反，拒绝像一柄巨大的梳子，快速地理顺了杂乱无章的日子，使天空恢复明朗。

当我们被陀螺般旋转的日子搅得头晕目眩，忘记了自己是从哪里来、要到哪里去的时候，尝试一下拒绝吧。

我们会惊讶地发觉自己从复杂的包装中清醒，感叹我们每一个人都是自然之子。

拒绝犹如断臂，带有旧情不再的痛楚。拒绝犹如狂飙突进，孕育天马横空的独行。拒绝有时是一首挽歌，回荡袅袅的哀伤。拒绝更是破釜沉舟的勇气，一种直面淋漓鲜血惨淡人生的气概。

拒绝对我们十分重要，我们在拒绝中成长和奋进。如果我们不会拒绝，我们就无法成功地跨越生命。

选择一种独立的人格姿态

拒绝是一种独立的人格姿态，它开始是一种本能的反应，后来变成被迫的抉择，再后来就升华成为理性的自觉。

我们无时无刻不是生活在拒绝之中，它出现的频率，远较我们想象得频繁。

我们穿起红色的衣服，就是拒绝了红色以外所有的衣服。

我们今天上午选择了读书，就是拒绝了唱歌跳舞，拒绝了参观旅游，拒绝了与朋友的聊天，拒绝了和对手的谈判……拒绝了支配这段时间的其他种种可能。

我们的午餐是馒头和炒菜，你的胃就等于庄严宣布同米饭、饺子、馅饼和各式各样的煲汤绝缘。无论你怎样逼迫它也是枉然，因为它容积有限。

我们认定了一个男人或是一个女人为终身伴侣，就斩钉截铁地拒绝了这世界上数以亿计的男人或女人，也许他们更优秀更美丽。

拒绝就是取消，拒绝就是否决。拒绝使我们一劳永逸，让我们义无反顾，但拒绝在给予我们自由的同时，也取缔了我们更多的自由。拒绝是“一条单航道”，我们开启了闸门，就像江河奔涌而去，无法回头。

纵观我们的一生，选择拒绝的机会，实在比选择赞成的机会要多得多。因为生命只有一次，要用唯一的生命成就一种事业，就需在千百条道路中寻觅仅有的路径。我们确定了“一”，就拒绝了“九百九十九”。拒绝总是如影随形，是我们一生不可抗拒的密友。

我们的每一次拒绝其实就是我们的每一种选择，拒绝如同选择一样是我们的一种权利。古人说，有所不为才能有所为。这个“不为”，就是拒绝。人们常常以为拒绝是一种迫不得已的防卫，殊不知它更是一种否定性的主动选择。但是令人担忧的是，很多人不懂得拒绝是他们的权利，更是很少行使这个权利。一项调查显示，职员与老板发生观点冲突或分歧，仅有三成人敢向老板说“不”。

这项调查涉及近千名人事经理及普通员工，主题是“与老板发生观点冲突时，我们会向他说‘不’吗”，结果显示仅有 31.69% 的人认为可以向老板说“不”，理由是：做一名优秀的职员要敢于向老板说“不”，这样才能显示自身的专业能力。在不敢向老板说“不”的人群中，有超过一成的人说，既然端人家的碗，就得服人家的管，老板说不行就不再坚持；有超过三成人表示：不涉及原则或利益时，听老板的；还有部分人士认为，向老板说“不”没有底气。另外，将近一成的人事经理说，虽然表面上答应了老板，但实际执行时还是坚持己见。

对此，人力资源专家认为，不同企业有不同的文化，大多日企、韩企，等级较为森严，强调经验，这类企业的员工比较听话。一些英美企业，注重应聘者的实际工作能力，除了团队合作精神外，他们还比较欢迎既懂专业、又懂管理、善于交际的多面手。员工不要因为人事关系而不愿提出自己的意见，老板其实很想听听我们的专业意见，如果我们能很策略地通过说出“不”，提出正确的意见，老板就会更赏识我们。

拒绝是我们每个人与生俱来的权利，我们要珍惜这个权利，它是我们意志之舟劈波斩浪的白帆，是我们前进的动力之一。

如何让“不”字听起来不刺耳

很多时候，我们明明很想说“不”，却总是因为种种原因，又活生生地把这个想法吞了回去。

然而，难以拒绝并不等于我们不需要去拒绝，学会拒绝对每个人来说都很重要。一个不懂得拒绝的人是可怜的，也是可悲的。不懂得拒绝，就常常会被自己之外的人事所累，给自己徒增麻烦，甚至还可能落得吃力不讨好的结果。

在一年的春节联欢晚会上，演过这样一个小品：一个小职员为了不让人瞧不起自己，就假装自己十分能干，无论谁求他办事，不管有多大的困难，他都会一一应允。有一次，为了帮助别人买两张卧铺票，他不惜通宵排队，结果不仅害苦了自己，还闹出不少的笑话。

演员的表演或许有所夸张，但生活中的确不乏与小品中类似的人物。有些热心肠、好面子又不善于拒绝别人的人，因为担心拒绝别人会失去人缘或是朋友情谊，于是经常违心地答应别人的要求，结果不仅浪费了大量时间和精力，自己心里也常常觉得不自在。

小刘是一个不会拒绝别人的人。一个周末，小刘突然接到一个陌生的电话。打电话来的是小刘同村的一个老乡，第一次来北京，因为听人说小刘在北京发展得不错，就想跟他见个面。小刘完全想不起来这样一个人，担心被骗，本来想拒绝，可是话到了嘴边，他又想：“如果真是同村的老乡，人家大老远过来，人生地不熟的，就这样拒绝了，说出去也不好听。

还是先答应下来吧，一会儿再打电话回家问问。”于是，小刘便和老乡约好了时间、地点，等那边挂了电话，才赶紧打电话回家打听。

父亲在电话那端告诉他，村里确实有这么一个人，之前一直在外面打工。小刘当下就松了一口气：“幸好没有贸然拒绝！”

本来说好随便找家餐馆吃饭的，可是到了约定的地方，老乡突然改变主意了：“我听村里人说，你一个月能挣一万多块，要不你请我去吃烤鸭吧！我还没吃过呢！他们说，全聚德的烤鸭最有名了，咱们就上那吃吧！”小刘一听，心里不乐意了，月薪一万元是没错，可是，他刚买了房，每个月都要还房贷，手头的钱其实并不多。全聚德的烤鸭，自己来北京几年了，也没吃过几次。

一看小刘犹豫，老乡也有些不高兴了：“算了，还是随便找个地方吃吧！”这下，小刘又有些不好意思了，心想，没准以后都不会有来往了，好歹是一个村的。于是他一咬牙，带老乡去了全聚德。

本来以为吃完饭就没什么事了，没想到，老乡竟要求去小刘家住几天，说刚来，还没找到房子。小刘心里叫苦不迭，却还是没办法拒绝，只好把老乡带回了家。老乡这一住就是一个星期，小刘吃住全包不算，还得带他买衣服，到处去玩。直到把老乡送走后，小刘才算松了一口气。

诚然，与人交往时，能经常帮助别人是很好的事，因为经常主动帮助别人的人，也更容易受到大家的欢迎和喜爱。但是，每个人的时间和能力都是有限的，有时候，我们需要集中时间和精力去做自己应该做和喜欢做的事，此时如果不想被其他身外之事烦扰，就必须学会拒绝别人，这样既可以节省大量的时间，也可以避免许多不必要的麻烦。

比如，周一我们有一个很重要的谈判，而好朋友却要求你周日深夜开车送他去机场，而朋友就住在闹市，完全可以打车去。这时候，就应该考虑拒绝。如果我们碍于情面答应朋友，就会影响到我们的睡眠，进而直接影响到我们第二天的工作效率。如果因为精神不佳，把谈判搞砸了，那时候再后悔可就晚了。

所以，不要总是因为想要得到别人的接受或赞扬，担心给别人带来不快，或是担心关系被破坏，就瞻前顾后，优柔寡断，作出违心的承诺。该说“不”的时候，就要大胆地说出口，这样才能节省有限的时间，做更多有意义的事情。

学会拒绝是重要的，只有知道自己在什么情况下该拒绝别人，并且应该采取什么样的方法来拒绝，我们才能更自在地生活。适当的拒绝可以给我们减少很多不必要的麻烦，为我们节省更多的时间去做自己想做的事情，而我们的人际关系也会因为懂得拒绝而变得更加和谐。

要勇敢地说“不”

生活中，每个人都会不断遇到各种请求、要求和命令，凡此种种，对不少人来说，接受要远比拒绝更为容易。但是，实际情况是，任何一个人都无法做到有求必应。因此，在生活中一定要敢于说“不”，善于说“不”，并不是所有的请求都必须答应，并不是所有的事情都应该接受。

很多人在想要拒绝对方时，会产生一种“不好意思”的心理。这种心理阻碍了人们把拒绝的话说出口。由于这种矛盾的心情，人们在拒绝对方时，态度上就不那么热心，说话吞吞吐吐，欲言又止。在这种心理的制约下，最终往往是依照对方的意图行事。即使拒绝了对方，这样的态度也容易让对方误解，认为我们成心端架子。

徐婉去商场购物，看上了一条水蓝色的裙子，样式和做工都让她很满意，就是价格有些贵。售货员一看徐婉犹豫不决的样子，就更是热情周到地为她服务，又是量尺寸，又是试大小，不停地夸赞，甚至在徐婉犹豫的空当，她已经开好了票据。徐婉实在不好意思拒绝，只好咬牙花了半个月的工资买下了那条裙子。

生活中，像徐婉这样的人并不在少数，他们因为不好意思说“不”，而买下了不称心的东西。不好意思说“不”，让他们时时处处陷于被动，有时候甚至不能很好地安排和主导自己的人生。因此，要想让自己在工作和社会交往中，能更加轻松和自在，我们首先要克服这种不好意思说“不”的心理障碍。

研究拒绝艺术的专家强调，要想更好地说“不”，我们需要建立这样一种意识：“我有权利说‘不’，我不必因为拒绝了别人的请求而不好意思。”这样，我们在拒绝时就会心情坦然、举止大方、态度明朗，就能很好地避免被误解和猜疑。即使对方开始会因为我们的拒绝而产生失望和遗憾的情绪反应，但只要他能从我们的态度和表情中感受到我们的坦诚，那么他也会受到感染，心中的不快也就烟消云散了。反之，如果我们自己都觉得拒绝不应该，心里发虚，那么我们的态度、表情就会迟疑不决，对方也会因此而觉得我们的拒绝理由是不可信的，会对我们生出不必要的误会。

很多时候，之所以不好意思拒绝别人，是因为不自信，担心自己的拒绝会影响到彼此之间的关系和交往，害怕破坏好不容易才建立起来的关系。其实，只要我们能掌握一些说“不”的技巧，我们就能很好地克服这种“不好意思”的心理，而且可以把拒绝带来的不利影响减到最小。下面是三种常用的说“不”技巧。

1. 欲进先退

在准备说“不”时，不妨主动为对方考虑一下退路或补救措施，使对方不至于一下子跌进失望的深谷。

有一次，成功学大师卡耐基不得不拒绝一个于情于理都不应该拒绝的演讲邀请。他这样对邀请者说：“很遗憾，我实在排不出时间了！不过，你们可以邀请某某先生，他讲得也很好，说不定他更适合你们。”

卡耐基向邀请者推荐了一个当时有实力解决此问题的同行，使得邀请者多多少少获得了心理补偿，减轻了因遭拒绝而产生的不满和失望。

2. 巧设铺陈

对别人的建议或请求，在需要否定时，你不妨在言语中安排一两个逻辑条件，不直接说出结论，而是让对方通过逻辑的推论，自己得出否定的结论。这种方法在拒绝上级领导时，效果更好。

战国时期，韩宣王欲重用两位部下，故向大臣征求意见。大臣掺留知道重用这两人不妥，但他也知道如果直言进谏，很可能会因此而冒犯韩宣王，而且还会让韩宣王误以为自己忌妒贤能。掺留想来想去，决定这样表达自己的见解："魏王曾因重用这两人丢过国土，楚王也因重用他们而丢过国土，如果我们也重用这两人，将来他们会不会把我们的国土出卖给别国呢？"听了这话，韩宣王也觉得不合适，只好放弃了原有的打算。

3. 假装糊涂

有时候，为了达到拒绝的目的，又不想伤害对方，我们不妨装聋作哑。意大利著名小提琴家帕格尼尼就曾经通过曲解对方谈话的方式，巧妙地拒绝了对方的请求。

有一次，一位贵妇人邀请帕格尼尼到家中喝茶，帕格尼尼同意了。当然，贵妇人是醉翁之意不在酒，所以当帕格尼尼打算离开时，她微笑着开口提醒道："亲爱的艺术家，我请您千万不要忘了，明天来的时候带上您的小提琴！""这是为什么呀？"帕格尼尼故作惊讶地说，"太太，感谢您的好意，可是，您知道我的小提琴是不喝茶的。"贵妇人听了便再不好意思提出自己的请求了。

拒绝是我们的权利，所以，如果对方的请求和托付超出了我们的能力范围，或是违背了我们的原则，我们都可以坦诚地予以拒绝，而不用觉得不好意思。只要我们态度诚恳，方式恰当，理由充分，讲究技巧，就能很好地淡化对方心中的不快，从而得到对方的理解。

尊重比面子更重要

我们常说，拒绝的话之所以难说出口，是碍于自己的面子。然而，在生活中，还有这样一类人，之所以无法拒绝别人，是为了顾全别人的面子。其实，这类人是担心因为自己的拒绝，拂了对方的面子，会让对方不高兴，进而影响到彼此之间的交情。

被拒绝对任何一个人来说，都不是一件愉快的事情，尤其是在众目睽睽之下被拒绝，即使周围的人也没觉得有什么不妥，可是对当事人来说，却是一件非常丢脸面的事情。因此，许多“好好先生”“好好小姐”，为了顾及对方的情绪，维持双方友善的关系，放弃了说“不”的权利。在他们看来，只有这样做才能体现出对别人的重视，也才是尊重对方。其实，有时候，必要的拒绝，才是对对方更好的尊重。

王娟和张雪交情非常好，两人不仅是大学同宿舍的同学，还在同一家公司同一个部门一起工作了三年。平时，只要有时间，她们两个都会一起吃饭、逛街，是公司里令人羡慕的一对“姐妹花”。

今年，公司决定从她们部门里挑选一名年轻的员工送到国外去学习深造，王娟和张雪都被部门经理推荐。经过一系列的考核，张雪脱颖而出，将于一个月后离开北京，前往法国巴黎学设计。王娟知道，张雪能获得这个机会，和她平时的努力是分不开的，这一年来，她都一直在利用业余时间学习法语。她能有机会去学习喜欢的设计，王娟也由衷地为她感到高兴。

张雪离开前的一个星期，决定在家里办一次聚会，公司的不少同事，还有一些大学时候要好的同学都在邀请之列，王娟当然是第一个被邀请的对象。张雪告诉她的时候，王娟心里有些犯难，因为聚会那天，王娟已经有了重要的安排。她有一场很重要的相亲活动，对方叫萧明，比她大三岁，人长得好，事业有成，还是时尚界的精英，每个方面都符合她理想对象的标准。为了能给萧明留下一个美好的第一印象，她狠下心花了半个月的工资为自己买下了一条漂亮的裙子，还恶补了很多时尚界的知识。

王娟想拒绝张雪的邀请，可是话到了嘴边，又咽了回去。因为她突然想到，如果自己不参加聚会，张雪可能会觉得自己是因为没能获得去法国学习的机会，心里不满。况且，她们做了这么多年的朋友，如果自己不去捧场，似乎太不给面子了。

再三权衡后，王娟答应了张雪的邀约，放弃了期盼已久的约会。因为这个，她不得不打电话向萧明解释并道歉，心里很过意不去。

聚会那天，大家都玩得很开心，只有王娟除外。她满脑子都是相亲的事："不知道萧明有没有生我的气？不知道他有没有照片上帅？如果今天我去了，我们会不会就顺理成章地交往下去了呢……"

王娟的心不在焉和少言寡语让张雪很介意。这段时间，张雪一直都在忙出国的事，王娟也没有机会和她提起相亲的事，所以她并不知道王娟心里在想什么，只是觉得她似乎很不情愿参加这场聚会。

当王娟不慎把酒洒到旁人身上时，张雪终于忍不住了，她不高兴地问道："王娟，你什么意思？你是我最好的朋友，可是在我最高兴的时候，你竟然这么不给我面子？你要是对公司派我出国感到不满，为什么第一时间还表现出一副高兴的样子？我怎么一直都没发现，原来你这么虚伪！"王娟刚开始听的时候，心里还有一些内疚，可当张雪对她进行了这么严重的"指控"后，她也生气了。她为了这次聚会，放弃了期待已久的约会，最后竟然还要遭到好友的质疑，而且还是在这么多熟悉的人面前。结果没说两句话，两人竟大吵起来，聚会也不欢而散了。这之后，两人的友情也宣告破裂，再也回不到以前那种亲密无间的关系了。

为了“尊重”朋友，王娟牺牲了自己期待已久的约会，甚至有可能因此错过了一份美好的爱情，但是结果却事与愿违，她的不懂拒绝不仅没有换来对方的开心和感动，反而让张雪感到不被尊重，两人之间多年的友谊也化为乌有了。

如果王娟能在一开始的时候，就坦诚地告诉张雪，自己有一个很重要的约会，相信张雪也会为她感到高兴。这样一来，她们的关系也不会因为王娟的拒绝而变得尴尬，反而可能会因为彼此的关心和体谅而变得更加亲密。

有时候，在遇到某些请求和托付时，我们虽然选择了接受，却有可能因为不情愿而心生抱怨，产生一些消极的情绪。如果对方明显地感觉到了我们的不愉快，必然也会对我们有看法，因为有时候，这样的不愉快甚至比一开始就拒绝更让人难以接受。所以，有时候必要的拒绝也是对他人的一种尊重，对于自己不能做到，或是不情愿去做的事情，最好能及时恰当地把“不”字说出口。

有时候，拒绝其实是对对方的一种尊重，特别是当对方请托的是我们不情愿去做的事时，更是如此。与其勉强自己去做，不如在最初的时候就予以拒绝，并告诉对方自己的理由。只要我们的方式恰当，理由充分，相信对方也会理解和谅解。

学会远离生活困扰

在生活中，很多时候都需要说“不”。比如，双休日我们正在家休息，推销员不期而至，说什么“给您送礼来了”，软磨硬缠不肯离去；我们本来经济就有点紧张，却有朋友告诉你“×× 要结婚了，需要祝贺一下”，或是“×× 刚生了个小孩，一起去看看吧”；当我们累了一周，想好好在家休息时，朋友打来电话，说好久没聚了，一起出来聚聚；当我们正在办公室聚精会神地工作时，来了一位情绪低落的同事，我们开导了半天，他倒是乐呵呵地走了，我们的半天时间却泡汤了……

对很多人来说，拒绝别人并不是一件容易的事。正如一位教授所说：

“求人办事固然是一件难事，而当别人求我们办事，我们又不得不拒绝的时候，也是叫人痛苦万分的。因为每一个人都希望得到别人的重视，同时我们也不希望给对方带来不愉快，所以也就很难说出拒绝的话。”然而，如果不善于说“不”，我们的生活就会充满各种各样的困扰，就会面临更多尴尬。因此，在生活中学会拒绝，对每个人来说都是重要而且必要的。

在拒绝他人的求助时，态度要温和，措辞要委婉。尽管说“不”是每一个人的权利，但我们仍需要先为说“不”向对方表示歉意。可以先诚恳地对对方说句“非常抱歉”或者说“实在对不起”，然后再详细陈述自己不能帮忙的各种理由。这样，对方在感情上更容易接受，也就能避免产生一些负面影响。

我们需要用坦诚让对方体会到，我们拒绝的是这件“事”，而不是他这个“人”。比如，同事找你帮忙做一个项目，你可以这样说：“谢谢你能想到我，我也非常想加入这个项目组，只是我现在手头正做着一个急件，没办法抽出更多的时间来。下次再有这样的美差，我一定毫不犹豫地接受！”

有的人，常常喜欢把这样的豪言壮语挂在嘴边，如“为朋友两肋插刀在所不辞”“朋友之间本来就不该分彼此”“朋友的事就是我的事”等。其实，朋友之间也是需要拒绝的。比如，有时候朋友提出的请求，超出了我们的能力范围，我们就应该及时地加以拒绝，以免耽误了解决问题的最佳时机。再比如，朋友提出的请求有违社会道德甚至是法律规范，就更应该严词拒绝，并尽力劝说。

为了不伤害朋友之间的交情，在拒绝朋友的求助时，一定要讲究技巧，不能让朋友感到自己的自尊受到了伤害。可以对朋友说：“作为朋友，我也很想帮你，只不过，这件事确实不在行，勉强应承下来，只会给你添乱。咱们一起再想想，还有没有更合适的人选！”我们要让朋友意识到，我们之所以拒绝，是出于他切身利益的考虑。表明了自己的立场和态度后，我们可以耐心地给朋友分析事情的利弊，并积极地帮助朋友想办法，以便更好地解决问题。

工作中，每个人都有自己的任务和职权范围。虽然同事间互帮互助是需要的，但如果同事提出的要求明显妨碍到了我们的正常工作，或是明显超出了我们的职权范围，我们就应该学会拒绝。因为在职场中，最重要的首先应该是做好自己的本职工作，如果因为不懂拒绝，而让别人的事影响到自己事业的发展，就得不偿失了。

在工作中，有时候，上司可能会给我们提出一些苛刻的要求，或是安排一些难以完成的任务，不懂拒绝的人，会将所有事情都揽到自己身上，自己受累不算，还有可能因为没能达到上司的要求而受到批评和惩罚。其实，遇到这样的情况，我们完全可以不用接招，根据具体的情况，巧妙地进行回绝。

喜剧大师卓别林曾说：“学会说‘不’吧！那样我们的生活将会美好得多。”生活需要说“不”，在生活中学会艺术地拒绝别人，不仅不会伤害彼此之间的情谊，还能让我们生活得更加轻松和愉快。

敢于打破“怪圈”

生活中有着许多的“怪圈”——明明是对自己有利的事情，却出于客套，总是断然否决；明明知道对方并不适合自己，却又碍于面子，难以拒绝；明明是自己不愿做的事情，在别人的请求或盛邀之下，只好勉强而为之……

之所以会有这样的“怪圈”，是因为有的人不会拒绝，很难把“不”字说出口。心理学家指出：判断一个人社交中的心理成熟度，很重要的一个方面，就是看他是否能自如地对别人说“不”，能否主动要求别人帮助自己，能否承受别人的拒绝。可见，学会拒绝，对每一个人的成长来说，都是最重要的。

做人都应该有自己的底线，做事也应该有自己的原则。一个人一旦失去了底线，没有了原则，就会让自己陷入尴尬的境地，甚至因此受到不必要的伤害。因此，在与人交往的过程中，要敢于说“不”，对于那些不该做、不能做的事，我们更是应该果断地加以拒绝。对该拒绝的事，敢于大声地说“不”，是一种立场，也是一种风度，更是一种智慧。

固然，一开始就斩钉截铁地说“不”，必然会让对方难以接受，但是不能因为害怕伤害对方就放弃拒绝的权利。敢于说“不”，并不意味着一定要在第一时间把“不”字说出口。表示拒绝的方式有很多种，我们完全可以依据不同的人和事进行选择。只要我们态度温和，立场坚定，语气委婉，方法得当，就能减少因拒绝而给对方带来的不快。

启功先生是当代著名书画家，又是前清皇室的后裔，因此，登门造访的人总是接连不断，几乎踏破了门槛。

然而，很多人并不只是单纯地前来探访，而是对启功先生有所求——要么是举办某某活动，想请启功先生光临；要么就是求启功先生挥毫写字，用启功先生的话来说就是“将白的写成黑的”。

启功先生的名气大，写的字又有极高的艺术价值，所以，这些人的做法也无可厚非。可是，如果启功先生不懂得拒绝，那他恐怕就连吃饭睡觉的时间都要被剥夺了。很多时候，届功先生都会委婉地拒绝不必要的邀请或是来访，但总有那么一些人，喜欢死缠烂打，软磨硬泡。对这类厚脸皮的人，老先生往往都会毫不客气地“黑”起脸来说“不”。

一天，启功先生正在处理文稿，电话突然响了起来。启功先生正在兴头上，便没有理会。但打电话的人极有耐心，一遍遍地打，因为担心是老朋友或是公家部门打来的，他只好接了起来。

启功先生客气地询问了对方的姓名，在记忆里仔细搜索了一遍，发现并不认识，便问对方是不是有什么急事。对方称先生曾为某本书题签，现在该书已经出版了，打算过几天亲自给他送过来。

启功先生听后，当即就谢绝了：“谢谢你的好意！不过这样的小事，你就不必亲自跑一趟了，通过邮局寄过来就可以了！”对方却并不“领情”，非要前来，说是要探望先生。

启功只好耐着性子解释道：“我现在很忙，身体又不大好，你来我也无力接待，请多原谅！书你直接寄过来就好！”一般人都能听出先生话里的拒绝意思了，可这人却还是固执己见。

启功先生索性直接挑破窗户纸，单刀直入地问他：“你就直接说你还有什么事吧！”对方称没事，就是想看看。启功先生答道：“你既然那么想看我，也行。这样吧，我给你寄张相片去，你可以从从容容地看。”此人仍不罢休。

几个回合之后，对方仍不肯松口，启功先生于是说：“好吧！你明天什么时候来？你说个具体的时间点，就在大门口，你也不用进我的门。你不是就为看我吗？咱俩就在门口对着看。你看我，我瞧你，你要近视，戴上眼镜，我也戴上老花镜，好好瞧瞧你。看半个钟头，够不够？若不够，看两个钟头也行！”

对方听先生动怒，又拉出一张“虎皮”，说先生的某某老友也要同来。先生再一细问，对方又说先生的这位老友前些日子出差在外，不知明天能否回来。先生气得不得了，干脆对着话筒说：“不管是哪天，我都没有时间见你！再见！”说完，“啪”地挂断了电话。

我们说，拒绝别人时应该尽量委婉，要照顾到对方的感受。但是，对于一些“厚脸皮”的无理要求或过分要求，我们就应该硬起心肠，断然地加以拒绝，敢于把“不”字说出口。

古语有云：“言不取苟合，行不取苟容。”生活在世界上，每个人都应该有自己的原则和底线，要有所为有所不为。对于那些违背道德和法律，或是超出自己底线的请求或要求，我们应该果断地加以拒绝，坚决地说“不”。

合理的方式与基本原则

谁也不愿意遭到拒绝，因此，不管出于何种原因，拒绝都会给对方带来一定程度的不快和困扰，即使这种拒绝其实是为了他好。只有在最恰当的时候，选择最合理的方式，才能把拒绝给对方带来的伤害降到最小。

在拒绝他人时，我们应该遵循一些基本的原则，只有在这些原则的基础上，才可能正确运用拒绝的方法和技巧，也才能逐步领会拒绝的艺术。

1. 能做的事尽量做

在平时与人相处的过程中，我们应该尽自己所能地去帮助别人。这样不仅可以帮助我们树立起良好的个人形象，还能为我们赢得良好的人际关系。更重要的一点是，当有人请你帮忙，而这个请求明显超出了你的能力范围，或是违背了我们的为人处世原则，我们不得不说“不”时，我们就可以毫不犹豫地选择拒绝，而不会产生愧疚感了。

2. 态度要明确

拒绝他人时，态度一定要明确，不能拖拖拉拉，暧昧不清。坚定地说“不”，也许有时会显得有点太不近人情，但是如果我们的态度不明确的话，很容易给对方希望和期待。比如，“对不起，我真的帮不上忙”和“这问题恐怕很难解决”相比，后者显然会给被拒绝者带来更大的想象空间。正所谓“希望越大，失望越大”，与其让对方抱着不切实际的幻想空等，不如在最初的时候就把话说清楚，这样或许还能帮助他找到更好的解决方法。

3. 给出拒绝的理由

从某种意义上说，拒绝其实就是一场辩论。要想让对方心服口服，你就必须说出一个值得信服的理由，要让对方知道，不是不愿意帮忙，实在是心有余而力不足。给对方一个合理的理由，也能让对方更好地理解你，并接受被拒绝的事实。

4. 简洁明了，不需过多解释

“说得多不如说得少”，最有效的拒绝方法，就是言简意赅，要言不烦。生活中，有些人为了抚慰对方，常常在拒绝之后，又说一大堆安慰的话，或为自己的拒绝说出一连串冠冕堂皇的理由，其实这些都是画蛇添足。因为太多理由，反而会让人觉得你在借故推托搪塞。

如果对方不满意你的拒绝，很可能会有以下三种回应：第一种，对方会尝试提出“解决问题”的方法，让你做他想要你帮忙的事；第二种，对方认为你说“不”的理由太牵强而生你的气；第三种，对方明确说出其中的矛盾之处，指出你在说谎。不论是哪一种回应，都不能达到拒绝的目的，还会影响到彼此之间的关系。所以，拒绝他人的时候，要给出合理的理由，但是理由不要多，一个就够，解释也不用过多，大致说明一下，并且表示抱歉即可。

5. 不要因为拒绝而伤害对方

拒绝是每个人的权利，但是，在行使自己权利的同时，也应当尽量照顾到对方的感受。既要明确地表明拒绝的态度，又要注意自己的措辞和语气，态度要诚恳，尽量降低“不”字给对方带来的伤害。例如，可以用幽默的方式来拒绝，或者用赞美对方的方式来拒绝。

6. 不要过分表达歉意

在拒绝他人的请求时，语言要温和，表情要和颜悦色，可以先感谢对方能想到你，并略表歉意。但是不要过分表达歉意，否则可能会让对方感觉尴尬，对方还可能会因为你的过分歉意而设法让你改变初衷接受他的请求。拒绝他人的请求，是对自己原则的坚持，是对自己能力的正确估量，也是出于对对方利益的考虑，所以，我们不必有太多的愧疚和歉意。

学会拒绝对每一个人来说都很重要，不会拒绝就会给我们的生活带来很多不必要的麻烦。然而，拒绝也是一门艺术，如果不能很好地掌握其中的方法和技巧，就有可能弄巧成拙，给他人造成伤害，让自己陷入尴尬的境地。在拒绝别人时，应该先想一想拒绝的基本原则，注意自己的说话方式，既要把拒绝的意思表达清楚，又要把对对方的伤害降到最小。

让所有人都满意是误区

从前有一位画家，一心想要画出一幅所有人都喜欢的画。他花了一年的时间，总算画出了一幅理想的画作。他满怀信心地拿着那幅画到市场上展出，还在画旁放了一支笔，并附上一则说明：“朋友，如果你认为这幅画哪里有欠佳之笔，请你赐教，并在画中标一个记号。”

晚上，画家取回了画，发现整个画面都涂满了记号。画家心里失望极了：“竟然没有一笔一画不被指责……”这时候，妻子走到他身边，给他出了一个主意：“你再做一张一模一样的画拿到集市上去，不过这次，你要求每位观赏者把他最为欣赏的妙笔都标上记号，到时候再做定论也不迟。”

画家采纳了妻子的建议，结果和上次一样，整个画面都涂满了记号，不同的是，一切曾经被指责的笔画，如今却都换成了赞美的标记。

这样的结果让画家感叹不已：“不管我们做什么，怎么做，都不可能让所有人都满意。因为，在有些人看来是丑的东西，在另一些人眼里则恰恰是美好的。人活于世，只要能使一部分人满意就足够了！”

的确是这样的，生活在这个世界上，每个人都有自己独立的思想，也都会根据自己的想法和喜好来对待这个世界。我们不可能让所有人都满意，因此，在与人相处时，我们应该有自己的原则和底线，要学会拒绝，而不应该抱着“让所有人都满意”的幻想，轻易改变自己的坚持。

有这样一个故事：从前，爷爷带孙子去市场上买了一头小毛驴。回家的路上，孙子对爷爷说：“爷爷，您腿不好，您骑着毛驴，我在后面跟着!”爷爷听了，感动得直夸孙子“孝顺”。走了一段路后，爷孙俩遇上了一群妇女。妇女们不客气地指责骑在驴上的爷爷，说他不关心孩子，大人骑驴让孩子走路，不像话。爷爷听了感觉有理，就立即下来了，改让孙子骑驴，自己跟在后头走。

又走了一段时间，爷孙俩遇上一群老年人。看着跟在孙子后面走路一瘸一拐的爷爷，老人们指着小孩的鼻子骂：“这小子真不孝顺！年纪轻轻的骑着驴，让老人走路!”孙子听了觉得有道理，就叫爷爷上来一起骑。

两人又走了一段时间，遇上一群养驴的人。养驴的人一脸不屑地指着祖孙二人说：“这么小的毛驴，竟然两个人骑着走，就没见过这么狠心的人！这毛驴肯定会被累死的!”祖孙俩一听，想想也是，索性两人都下来牵着驴走。

途中又遇到了一群年轻人，年轻人指着两人风趣地说：“你们两个傻瓜，有驴不骑，真是笑话!”祖孙两人觉得也有道理。但是，他们却不知道该怎么做了——爷爷骑驴有人责备，孙子骑驴有人指责，两人都骑有人非议，两人都不骑又有人取笑。最后他们只好抬着驴走。结果，经过一座独木桥时，两个人不小心把驴掉进山涧给摔死了。

祖孙二人可能是觉得路人的指责和建议都是出于好意，所以不懂得拒绝，没想到，最终却换来了这样的结果。

有的人，在为人处世时，总是喜欢依着别人的意见去做，听到一种意见就改变自己做事的方式方法。别人怎么建议，他就怎么做，希望以此能达到“让所有人都满意”的结果，可常常会事与愿违，最后的结果很可能是大家都有意见，而且谁都不满意。

有一个小和尚非常苦恼沮丧，禅师问他是什么缘故，他回答说：“东街的大伯称我为大师；西巷的大婶骂我是秃驴；张家的阿哥赞我清心寡欲，四大皆空；李家的小姐却指责我色胆包天，凡心未了。我想不明白，那我究竟算什么呢?”禅师笑而不语，伸手指了指身边的一块石头，又拿起面前的一盆花。小和尚歪头想了一会儿，高兴地点头:“我明白了!”

其实，禅师的笑而不语，正是道破了生命的本义。他的意思是说，石块就是石块，花朵就是花朵，自己就是自己，根本不必因为别人的说三道四而烦恼。别人说的，就由别人去说，那只是别人的看法而已。

现实生活和工作中，我们或许也常常遇见类似的事情。当我们做了一件善事，引起身边同事的注意时，就会听到各种截然不同的评论。张三说你做得好，大公无私；李四说你野心勃勃，一心往上爬；上司赞你有爱心，值得表扬；下属则说你冷漠无情，毫无创意……总之，各种各样的议论，有的如同飞絮，有的好似利剑，一一迎面扑来。怎么办呢?最好的方法，就是抱着“有则改之，无则加勉”的心态，不需要对每一个人都解释，不要被别人的评论牵住，更不要为别人的言语而感到苦恼和困惑。你只要记住一点，你就是你，你才是自己的主人。

如果学不会拒绝，尤其是拒绝别人的某些不恰当的看法和建议，我们将会浪费大量的时间在自己不喜欢的人和事上，也会失去很多的快乐。因此，我们要经常提醒自己，做该做的，不要一味地遵从别人的想法，或听从别人的意见。勇敢地拒绝该拒绝的，才是最正确的选择。

每个人的主观感受和需要不同，看问题的角度不同，所持的观点、立场也不同，由此导致人们之间的意见是不同的，甚至是矛盾的。这就决定了你的做法只能取悦某一类人，而不可能让所有人都满意。要想得到更多的快乐，就不要苛求面面俱到，而应该有所取舍，该拒绝的时候，就要果断地拒绝。

一门艺术和人生必修课

拒绝别人也是有讲究的。拒绝得法，对方便心悦诚服；如果拒绝不得法，会使人感到不满，甚至对你怀恨在心。

一位朋友曾说过这样的事，近来有许多推销员登门入室兜售物品。这些人口齿伶俐，缠绕不休，一个个都有一套让顾客非买不可的本事，他对这种人实在是应付不了。

“你可以拒绝呀！”另一位朋友对他说。

“拒绝也不是一件容易的事啊！”他说，“那些推销员根本不把你的拒绝放在眼里，他们有一套激起你兴趣的方法，以吸引你注意，挑动你的购买欲望，许多人因为不知道如何拒绝而购买了物品。”

这位朋友的话也许过分夸张了一些。一般来说，如果被那些推销员打扰，你坚决说一个“不”字，他们是毫无办法的，这难道不是最简单的办法吗？

当然，有时说“不”，也会出现意想不到的结果。有一次，一家保险公司的“外勤员”到一位编辑的办公室来兜生意，整整谈了一个上午，这位编辑始终用一个“不”字来拒绝，结果那位“外勤员”只好怏怏退出了。几天之后，这位编辑的同事告诉他，一个胖胖的青年人在外面大肆渲染，破坏他的名声。这位编辑非常惊奇，因为在工作中或工作以外他并没有得罪人。直到同事说那个青年人的下巴上有颗痣，这才恍然大悟，原来是那天被他拒绝的那个“外勤员”。

拒绝不得法，会带来很多的麻烦。例如一个品行不端的朋友来向你借钱，你知道把钱借给他就像“肉包子打狗”一样有去无回；一个相识的商人向你推销商品，你知道买下了就会亏本……诸如此类的事你必定想要拒绝。可是拒绝之后，就有可能断绝交情，引人恶感，被人误会，甚至埋下了仇恨的祸根。要避免这种事情发生，唯一的方法就是运用拒绝的技巧。下面列出七项有关拒绝接受请求的技巧。

（1）如无法当场决定接受或拒绝请求，就要明白地告诉请求者你仍要考虑，并确切地指出所需要的考虑时间，以打消对方认为你是在以考虑作挡箭牌的想法。

（2）拒绝接受请求的时候，应表现出你对请求者的请求已给予庄重的考虑，并显示你已充分了解到这种请求对请求者的重要性。

（3）拒绝接受请求时，你除了应显露和颜悦色的表情外，仍应显露坚定的态度。这即是说，不要被请求者说服而打消或修正拒绝的初衷。

（4）拒绝接受请求者时，最好能对请求者说出拒绝的理由。这样做，将有助于维持你跟请求者原有的关系。但这并不意味着对所有的请求拒绝都必须附以理由，有时不申诉理由反而会显得真诚。例如，偶尔对频频请求的人和颜悦色地说：“真抱歉，这一次我将无法效力，希望你不介意！”相信这样就不至于产生不良的后果。

（5）要让请求者了解，你所拒绝的是他的请求，而不是他本身。也就是说，你的拒绝是对事而不是对人。

（6）拒绝接受请求之后，如有可能，你应为请求者提供处理其请求事项的其他可行途径。

（7）切忌通过第三者拒绝某一个人的请求，因为一旦这么做，不仅足以显示我们的懦弱，而且在请求者心目中也会认为你不够诚挚。

以上七种要领，运用之妙存乎一心。

下面举出两个颇为棘手的实例。

实例一：拒绝接受不善体谅他人而又十分苛刻的上司的要求，通常都被视为极其艰难甚至不可能完成的事。但是，有些老练的员工却深谙拒绝的方法，经常将上司原已安排的工作，按轻重缓急编排办事优先次序表，当上司再提出额外的工作要求时，即展示该优先次序表。这种做法具有三个好处：第一，让上司做主裁决，以表示对上司的尊重。第二，优先次序表既已排满，则任何额外的工作要求都可能令原定计划无法完成，因此除非新的工作要求具有高度重要性，否则上司将不得不撤销它或另找他人。就算新的工作要求具有高度重要性，上司也将不得不撤销或延缓一部分原已指派的工作，以使新的工作要求能被办理。第三，采取这种拒绝方式，可避免上司误以为你在推卸责任。因此，这是一种极为有效的拒绝方式。

实例二：来自部属的不合时宜的或不合情理的要求，往往使管理者在拒绝接受时感到为难。譬如，在某一个极度繁忙的下午，某一女职员突然要求告假两小时回家，因为家具店将送一批家具到家里，她必须回家开门并签收。面对着这种情况，一般无经验的管理者通常会采取下面两种对策之一：第一，断然拒绝这种不合时宜的要求，且不理会她的感受；第二，因担心触怒她，或是想充好人而勉强接受她的要求。以上对策都是不妥的，因为前者将引起主管与部属的摩擦并降低部属的士气，后者则可能妨碍工作的进度。但是，管理者应如何拒绝准假才不至于产生不良后果或使不良后果减至最小呢？此时，管理者应向她说明，此工作只有她才能完成，别人无法替代，表明她的重要作用。再向她提出建议，让她打电话给家具店，请家具店明天下午再送出家具，到那时工作已完成，她可以有足够的时间回家处理私事。

从上面两个案例可以看出拒绝艺术的巧妙之处，让人体会到四两拨千斤的感觉。

四个基本原则助你化解尴尬

拒绝他人对我们很重要，是我们的权利，同时也具有相当的艺术性。但我们如果滥用权利，或过分地发挥我们的艺术天分，就会弄巧成拙，给他人造成伤害，把事情搞得十分尴尬。因此，我们行使权利的同时，要遵守拒绝的基本原则。

第一原则：以宽容雅量对待身边的人和事。这意味着，只要能力所及，你是随时愿意帮助家人、朋友、同事和邻居的，也愿意跟他们在一起承担喜怒哀乐。这也意味着只要不带来重大压力或不便，或答应帮助别人，不会让自己内心不安时，我们都愿意帮忙。另外，我们也要多做一些“信誉良好”的事情，让别人对我们产生为人宽大的印象。当我们平日都怀着“喜欢做，自愿做”的精神为别人做事时，一旦我们真的无法答应别人的要求而必须说“不”时，我们就可以更有自信地拒绝而不会有罪恶感。

第二原则：态度明确。不想答应，就要拒绝得彻底，不要拖拖拉拉，暧昧不清。坚定地说“不”，也许会显得有点太不近人情，但是如果态度不是很明确，就很容易给对方希望和期待，与其这样还不如把话说清楚，免得对方误会，给彼此造成不必要的裂痕。

第三原则：“说得多不如说得少。”最有效的方法，就是言简意赅，要言不烦。但是，大多数的人却无法恰到好处地说“不”，结果造成尴尬的局面。不管是告诉老板无法加班，或是跟邻居表示无法帮助他们遛狗，我们都会觉得应该详尽解释为什么会拒绝，即使那些说辞有可能是虚构的。事实上，多费口舌的解释不但没有必要，而且，过多的理由也可能站不住脚。

但是，若你明确地说出“很抱歉，我不能去”或是“恐怕那一天我很忙”，那么，我们的表达已经够清楚够坚决了。如果对方不死心继续追问为什么，我们不要掉进陷阱，更不要搬出一些新的借口搪塞他。如果有必要，可以使用一些不同的说辞，如“那天我会很忙”，“那天我有些其他事情”，“我已经跟人有约了”，“我已经有约没法取消”，“这几个礼拜，我的行程排得满满的”等。面对粗鲁无礼、一再提出过分请求或邀约的人，我们要坚守立场。但是切记，即使需要解释也只需稍作说明就可以，而且要经常练，如此才能保持坚定的立场。

第四原则：要耐心倾听请求者所提出的要求。即使在他述说的过程中你已知道非加以拒绝不可，也必须凝神听完他的话。这样做，不仅能够确切地了解请求的内涵，同时也是对请求者的尊重。这样，拒绝时，就会显示我们对请求者的请求已给予了认真的考虑，并已充分了解到这种请求对请求者的重要性。

使用拒绝权利时，不要忘了对照以上四条基本原则，以免误事误人。其实只要我们真心诚意地对待他人，对待生活，这四条我们就已经不知不觉地做到了。

第二章
日常生活说“不”的艺术

现实生活是非常复杂的，我们总要面对各种各样的人和事，人们会向我们提出各种各样的要求，这其中，有积极的，也有消极的，甚至是不道德的、违法的；有符合自己意愿的，也有不符合自己意愿的；有我们赞成的，也有我们反对的；有我们乐意接受的，也有我们想要拒绝的。如何处理这些事情，就构成了我们日常生活的主要内容，并影响我们生活的方方面面。因此，如何拒绝他人十分重要。学会拒绝，对于我们塑造自身的良好形象，处理好我们同各种不同的人之间的关系等都有着十分积极的意义。

不要成为别人无节制的倾诉对象

有人愿意和我们分享自己的心情，那说明他把我们当成了知心朋友。可是，往往很多时候，我们的朋友会不分时间、场合，如同倒垃圾一般把自己的苦衷一股脑儿全都丢给了我们。以至于我们成了被迫接受消极情绪的一方，成为一个倾诉“垃圾桶”。

梦楠并不是心理咨询师，可在她身边，总有各种各样的朋友喜欢把自己的“隐私”说给她听。梦楠总是耐心地听着对方的诉说，时不时还会因为对方的遭遇而落下几滴眼泪。久而久之，长期处于各种负面情绪困扰的梦楠终于承受不住这份压力。

朋友之间的聊天，不外乎最近都有些什么活动和见闻之类的话题，而梦楠却成了公认的被倾诉者。一旦哪位好姐妹在感情上遭遇了挫折，她们都会把梦楠约出来，整整一个下午都在哭诉自己的不幸。其实，她们都知道，梦楠并不能帮她们解决所有的问题，只是她们需要倾诉，需要把身体里面的负面情绪释放出来。

如果说聊天的内容正常一点也就罢了，可是每每随着话题的深入，梦楠就会逐渐发现一些自己没有办法控制的事情。周末聚会时，小贝跟她说怀疑自己的老公在外面有外遇，佩佩向她抱怨公司的待遇不好，刘珊珊则是哭哭啼啼地告诉梦楠她又和一个男朋友分手了。梦楠从早晨一睁眼，就开始被别人这些杂七杂八的事情困扰着，以至于自己在工作的时候都无法专心。

每次聊天结束后，梦楠的朋友们全都像是获得了新生一般，她们的痛苦和委屈确实得到了发泄，而对于梦楠来说，本来好好的一个周末，却被无缘无故地笼罩上一层淡淡的阴云。

有时候梦楠也不得不感叹，“知心姐姐”可真不容易当啊！而她还从没有意识到自己其实已经处于一种危急状态。

随着时间的流逝，姐妹们对梦楠说过的话对她产生了潜移默化的影响。每次见到上司时，她总会想起佩佩说的那些话，仿佛现在站在自己面前的上司是一条恶毒的黑心狼。见到刘珊珊的前男友，梦楠的心中则会事先拉起一条警戒线。有时候，忙完一天的工作回到家，梦楠还总是会怀疑老公有没有背着自己在外面拈花惹草。这导致梦楠不但在工作上频繁失误，而且连夫妻关系都开始变得紧张。直到有一天早晨醒来的时候，看着阳光暖暖地照在地板上，梦楠才恍然大悟，原来自己的正常生活已经完全被打乱了。

到底是哪方面出了问题呢？梦楠陷入了沉思。

从心理学的角度说，梦楠已经完全被消极情绪给催眠了。她并没有觉察到，在自己倾听别人的诉说时，诸多的负面、消极情绪也逐渐渗透到了自己的生活之中。到头来，自己不但无法帮朋友们解决实际问题，还让自身陷入了悲观情绪的影响之中。这种暗示越强烈，对梦楠自身的影响也就越大。此时的梦楠，就像是一个没有盖子的垃圾桶一样，已经成了他人无节制的倾诉对象。

这样的事情在我们身边时常发生。当我们的朋友们向我们诉说自己的不幸时，完全是建立在对我们信任的基础之上，而我们又怎么可能轻易地回绝对方的诉说呢？不过，如果他们的言谈多是消极思想时，我们要小心对待。因为这样的谈话会不知不觉对我们产生影响，当我们开始逐渐变得忧郁时，那就是这种不良倾诉所产生的消极影响。

如果没有能力为对方排忧解难，我们不妨直接告诉朋友：“我现在正忙，脱不开身，等有时间我们再好好聊，可以吗？”或者，我们可以采取更加委婉的拒绝方式，让自己不再成为“垃圾桶”。

忧郁的情绪有时就像是传染病，它们会在我们毫无抵抗力的时候侵入，将我们完全击垮。所以，最好的办法就是“逃离”。如果一个带有悲观情绪的人在我们面前反复出现，并且还时不时和我们说上两句丧气的话，那我们这一天的心情都不会太好。

因此，要学会对浪费时间又没有实际作用的谈话说“不”。以工作为由直接拒绝虽是不错的选择，但也会难免让人觉得我们不近人情，那就让行动来说话吧。当我们看到“那个人”走过来的时候，不妨低下头装作正忙于工作的样子。如果他想要和我们说话，我们只需要随口应答一声，不要抬起头来聚精会神地去听。这样做，会让对方觉得我们真的是没有时间，他就会识趣地走开了。

有时候，我们和对方会在走廊中不经意地碰见。此时，即便我们再假装工作忙，也会迫不得已地被对方拉住而海聊一通。这就像是打仗一样，明知道自己打不赢，为什么还偏要去送死呢？因此，当我们远远地看到对方过来时，可以尝试着回头或者绕其他的路走。或者，我们可以拉住正好路过的其他朋友随便聊两句。相信那些只会向我们诉说自己不幸的人，绝对不会轻易在他人面前开口。

作为朋友，时常躲着总不是办法，而且躲过了初一，也躲不过十五。当我们被对方抓个正着而不得不倾听时，应该选择左耳进右耳出的策略。要明白，对方也只是想要找一个人诉说，我们完全可以把这当成一项任务去做。听完之后，就要当作什么事情也没有发生过。只有真正做到不把这样的事情放在心上，才不会对自己的生活产生其他影响。

不论在工作还是生活之中，我们其实时时刻刻都会受到他人不良情绪的影响。而真正需要我们做的就是，时刻让自己保持一份好心情。不断给自己积极的暗示，如“我很棒”“我有一个幸福的家庭”等，这不仅可以帮助我们驱走消极暗示带来的不良影响，而且还会帮助我们在工作和生活之中重新树立起信心，让我们学会不断地去寻找积极的因素，从而提升自己的原动力。

对隐私问题拒而远之

与朋友坦诚相对，是一种值得赞颂的品德。人需要交流，需要友情，但这并不等于我们需要把自己的所有秘密都和他人分享。在人际交往中，很多人常常把自己的秘密毫无保留地告诉对方，似乎他们认为不向对方完完全全说出自己的情况，就是没把其当成真朋友。

很显然，这样的观点存在很大的错误倾向。当我们认识到这一点后，就要学会适当保留自己的秘密。然而，当遇到朋友们死缠烂打地想打探自己的隐私问题时，我们应该怎么做呢？

徐力是一个典型的职场白领。白天他出入高档写字楼，晚上下班回家则会和朋友们徘徊在夜店买醉。其实，徐力本人有着独属于自己的一套消费观，他并不属于浪荡公子的范畴，他喜欢和朋友到夜店里去消磨时间其实有着更深层次的原因，这恐怕连他自己都没有意识到。

与徐力有过接触的人都发现一个问题，在和徐力吃饭的时候，他们之间往往很少谈到工作上的事情，谈话的主题一直停留在某个和他们不相干的人身上。换句话说，在整个吃饭过程中，徐力一直都在千方百计地想要打探第三者的隐私问题。出于朋友的关系，对方又不好意思直接拒绝他的问题，但如果把别人或者自己的隐私告诉了他，徐力会不会嘴无遮拦地把这些隐私告诉别人呢？谁也不敢肯定。

因此，许多曾和他关系不错的人都因此而纷纷对他避之不及，他自己却不做反思，对别人的生活依然过分关注。

晚上下班后，精神生活极度空虚、大多数时间都徘徊在夜店之中的徐力，想要探听到一些隐私问题绝对不会是难事。徐力像是得了强迫症一般，每天晚上都希望能够有一些收获。

可是，别人的隐私对徐力来说又有什么用呢？

徐力正一步步陷入泥沼之中，只是他自己还没有意识到问题的严重性。

像徐力这种情况，叫作窥视，是一种缺乏心理边界的表现。之所以他能“持之以恒”地进行下去，是因为他从这种行为中获得了某种心理满足感。原因很简单，正是因为一些朋友总是毫无遮拦地把自己的生活细节告诉徐力，从而满足了他窥视的欲望，并且使得徐力的窥视行为得到了进一步固化。

如果徐力的行为一直没有遭到拒绝，很有可能不断延续下去。其实，他本身也在寻找可以拒绝自己的人，只是和他在一起的人恰恰都不懂得如何才能有效地拒绝，这使得徐力变本加厉。

如果任由徐力现在的状态一直发展下去，不但会对其个人造成很大的不利影响，还会伤害别人，甚至可能导致众叛亲离。想让这类人有改变的动机，就需要外界适当给他们一些挫折、一些拒绝，让他们的自我膨胀逐渐冷却。而徐力身边的朋友们也需要学会拒绝，学会捍卫自己的正当权益。

所谓个人隐私，简单地说，指的就是一个人出于个人尊严和其他某些方面的考虑，因而不愿意公开，不希望外人了解或是打听的个人秘密、私人事宜。在国际交往中，人们普遍讲究尊重个人隐私，并且将尊重个人隐私与否，视为一个人在待人接物方面有没有教养，能不能尊重和体谅交往对象的重要标志之一。

简而言之，在言谈话语中，对于凡涉及对方个人隐私的一切问题，都应该自觉地、有意识地予以回避。千万不要自以为是，将“关心他人比关心自己为重”这一做法滥施于人。甚而为了满足自己的好奇心，不管对方如何反应，都依然我行我素。这样做，极有可能会令对方极度不快，甚至还会因此影响双方之间的关系。

然而，当我们遇到对方“打破砂锅问到底”般打探我们的个人隐私的时候，我们又应该如何去拒绝呢？

一些女士比较计较别人打探自己的年龄问题，当遇到对方询问我们的年龄工资等问题，而我们却不想直接回答的时候，我们可以这么说：“你看我的年龄有多大呢？”“我的待遇其实也还不错。”这在一定程度上回答了对方的问题，既满足了对方部分的好奇心，同时又可以避免泄露自己的隐私问题。

因此，当遇到熟人向我们打探隐私时，我们既不想回驳对方，因为这样会显得不留情面；又不想实话实说，因为这会让我们的隐私暴露无遗。可以把握住如下一些小窍门。

一是巧用反问句，把问题抛还给对方。如：“年龄问题很重要吗？”

二是模糊回答对方的提问，只给出一个大概的范围。如：“我家是北方的。”

三是拿自己和对方作比较，让他自己去找答案。如：“我的工资其实和你差不多。”

四是先进行自我否定，如：“关于结婚啊，我也不知道会是什么时候，随缘吧。”

有时，为了寻求对方的帮助，就不得不先向其吐露自己的心声，渴望诉说心事，是人之常情。倾诉的目的是驱走孤单，但如果找错了对象，往往会适得其反。所以在没有找到合适的倾诉对象之前，一定要对自己严加管束。对于某种想法或者某件事情，当我们认为需要保密的时候，要做到以下两点。

一是自己首先要耐得住寂寞，不要轻易向人吐露心声。

二是当被别人问及的时候，要在第一时间婉言谢绝对方的提问。

值得注意的是，当我们拒绝朋友的提问时，尽量不要用“无可奉告”“暂时保密”等词汇，这会让彼此之间的关系蒙上一层阴云。避免过于率真的拒绝，要巧妙地把话说得柔和些，让对方可以接受我们的回答，并且也会明白这些事情我们不想多说，这样他就会识趣地不再提了。

乱开玩笑绝不是幽默

喜剧泰斗卓别林说："幽默是生活的好方法。"和朋友相处时，互相开一点小玩笑，本身就是一种调节气氛的好方法。开玩笑的目的很简单，也很单纯，就是让大家能放松心情。但是，请注意，玩笑不能开过头。当我们沦为众人开玩笑的对象时，我们有没有觉得自己就像是一个小丑一样，成了博大家一笑的工具呢？

因此，在朋友聚会时，无论有多么开心，都要拒绝成为被乱开玩笑的那个人。否则，我们就只能做众人眼中的小丑了。

近日，莉莉正在为一件事情懊恼不已。

莉莉现在在一家外企任职。按照外国人的惯例，每年的4月1日都要过愚人节。在这一天，任何人开任何玩笑都不会引起被开玩笑者的恼怒。莉莉也被这种文化深深吸引，甚至还有几分痴迷。

有一天，她大学时的同窗密友刘洁打电话给她，说想组织大学的同学们聚会。毕竟大家都已经毕业10多年了，难得有机会聚在一起，这一次，又恰逢刘洁从国外回来，所以莉莉毫不犹豫地答应了下来，并且她还主动承担起联系同学们的重要职责。

由于莉莉在上学时曾担任过班长的职位，所以大多数同学的联系方式她都保留着。莉莉确实为这件事情上了心，她一个一个地把电话拨过去，确定老同学们现在都在什么地方，以及他们赶过来聚会的时间。一番折腾下来，除了两位同学因为距离太远过不来之外，大多数人都答应了下来。

于是，莉莉和刘洁商定，本月的 12 日晚上 7 点钟，在市中心的酒店举行老友聚会活动。之后，刘洁又把通知聚会时间和地点的重任交给了莉莉。

然而莉莉却动起了小心思。她在通知了老同学们之后，突然想要给刘洁一个惊喜。想来想去，她给刘洁发了一条信息。莉莉写道：“刘洁，原定 12 日晚上的聚会有变动，确定其他时间之后再通知你。”本来，莉莉还在这段文字后面留下了一连串的空格键，后面写上：“上当了吧！”而且还带有一个大大的笑脸。

这条无伤大雅的恶作剧短信，却让刘洁最终没有赶上这次聚会。

原来，刘洁收到信息后，她真的以为聚会的时间有变动。而且，那一连串的空格造成不得不翻页才能看到下面内容的假象。刘洁根本没有看到后面的几个字，她随后在 12 日晚上安排了其他行程。

当很多同学在饭店里面齐聚时，莉莉这才意识到自己发的短信可能引起了误会。她急忙给刘洁打电话，没想到对方正在和客户谈生意。本来一场好好的聚会，却因为莉莉的一条玩笑短信而让发起者没能参加，莉莉不得不一一道歉。最后，这场聚会不欢而散。

一般喜欢开玩笑的人，本身并没有什么恶意。只是因为他们的有些做法欠妥当，才会一时间引起大家的误解。有些人心宽，能够容忍其这么做；而有些人却会纠结于这样的玩笑所带来的恶果上，迟迟不肯原谅开玩笑的人。当这种玩笑发生在自己身上的时候，我们必须坚定地表明立场，告诉对方这样的玩笑是开不得的。

只有真正拒绝被乱开玩笑，才能够保持住恰当的幽默氛围，而不伤彼此之间的和气。

有些人在开玩笑时，不管对方情不情愿，就会胡乱地把其缺点放大，然后予以调侃。如果我们的朋友是这种人，即便我们明知道他并没有恶意，但总是被他愚弄的我们，心中一定积攒了很多怨气。当我们觉得实在无法容忍这种行为时，我们可以这样做：坚定立场，表明自己不是一个随便的人。首先，应该懂得宽容他们的小玩笑，毕竟开玩笑有时是种调和剂，拿我们开玩笑，我们容忍一下，相当于低一低头，适当的宽容能给他人留下好印象。但是，对伤害我们尊严的言行则不能够容忍。如果我们不表态，那就等于在不和谐的交际关系中弯下了腰。有人说人生就是背着装着“尊严”的筐行走，低头能让我们避开障碍，但弯了腰，就等于背后的尊严掉了出来，失去了尊严的人是无法健康行走的。

善意提醒对方把握开玩笑的尺度。很多时候，开玩笑者也是在无意之中超越了常规的尺度。或者有心或者无意，总之他冒犯了我们的尊严，或者是触及了我们的隐私时，我们应该善意地提醒对方注意一下开玩笑的尺度。我们可以这么说：“对不起，我不是很习惯别人这么说，你可不可以稍微注意一点。谢谢。”对于初次见面的人，这种委婉拒绝的方法最为可靠。

而对于朋友来说，则没有必要这么正规。我们可以选择微笑地看着朋友，直视他的眼睛，用“心灵的窗户”告诉他这样做是不对的，相信我们的好朋友一定会在收到这样的拒绝信号后适可而止。

忍无可忍则无须再忍。被开玩笑的时候，也应该看看他们是在以一种什么样的态度同你开玩笑。如果他们是在恶意开我们的玩笑，我们就不能姑息对方。此时，我们要表达出自己的不满，不过不要跟他们大喊大叫，比如我们可以严肃地警告或反问他们，说：“你觉得这样有意思吗？”这样的反问很有力度，往往可以使欢笑的场面顿时冷静下来，使在场的每一个人都冷静思考自己的过失。

不过这种态度可不能常摆，如果有一点小玩笑，我们就甩脸给对方看，相信我们的交际圈很快就会面临着土崩瓦解的危机。

话说回来，当自己在开别人玩笑时，也要注意分寸。一个善于开玩笑的人，并不会不分场合而乱开玩笑，在社交中，我们要让人觉得我们这个人是有幽默感，而不是粗俗的。要善于观察环境，只有根据不同的人物性格和时间场合来确定自己的策略才是最明智的方式。

学会应对身边的谎言

诺贝尔文学奖得主索尔仁尼琴先生说："不论是私人谈话，还是有许多人在场，都绝对不说这样的（假）话，自己不做，也不怂恿旁人，不鼓动，不宣传，不讲解，不炫耀。"是的，诚信是做人的根本。不论是对同事还是对朋友，我们都应该以诚为本。

其实，让很多人头疼的并不是朋友之间的欺骗，这样的事情发生了一次，相信没有人会再让它发生第二次。然而，倘若谎言出自我们身边的亲人之口的话，我们还能够做到大义灭亲吗？

每个孩子都知道，在某些事情上做错之后就会遭受惩罚。因此，为了避免家长的责备，他们往往会用编造的谎言来遮盖自己的过失。而年幼的他们意识不到，真正的过失正是他们刚刚编织的谎话。

齐倩最近就因为自己的儿子说了谎话而发愁不已。

她的儿子已经 7 岁了，眼看着到了上小学的年纪，可是调皮儿子的身上却仍旧看不出一丝一毫的上进气息。有一天，他在门外和小伙伴们一起踢足球，一不小心就把邻居家的那扇有图案的大玻璃窗给打碎了，巨大的响声立刻把齐倩从屋子里面吸引出来。

出于一个母亲的本能，她先问儿子有没有受伤，然后才意识到儿子可能闯下了大祸。

"谁干的？"齐倩一脸严肃地问。

儿子的眼睛转了转，噘起嘴说："反正不是我。"

齐倩看了看站在四周的小朋友们，他们一个个早已吓得惊慌失措，唯独儿子略显异于其他孩子的表情。于是，她起身安慰那几个孩子后，便让他们回家了。之后，齐倩把儿子带到房间里面，以一种从没有过的神态，狡黠地说：“我的宝贝，我想知道那是谁干的，可是那个人就是不说出来。”

儿子显然没有那么容易上当。他竟然爬到了齐倩的腿上，悄声说：“妈妈，我们谁都不说，邻居也就不会知道。而且，这也不是我干的啊！”

齐倩有点生气，她没有想到儿子会对自己的行为矢口否认。小小年纪就学会了撒谎，以后还怎么在学校里树立起个人威信呢。齐倩想到一个好方法。她说：“刚才，已经有人告诉我了，那扇玻璃就是你踢碎的。”

“好吧，我承认错误！”儿子乖乖地说了一句。很显然，他并没有意识到齐倩编造的谎话。

后来，齐倩花了很长时间去教育儿子。她告诉儿子：“不管我们做什么事情，都要勇于承认。我们苦心经营的一切，往往会因为一句谎话而毁于一旦，撒谎所换来的惩罚要比任何事情都要严厉。”

儿子似懂非懂地点了点头。

齐倩微笑着说：“那么，我告诉你一个秘密。其实妈妈刚才也撒谎了，根本没有人告诉我是你踢碎了玻璃，我用谎话骗出了你的真心话。”

“那太不公平了。”儿子说，“妈妈，你也要接受惩罚。”

齐倩点了点头。她知道，以身作则比单纯的说教更能起到教育的作用。当天晚上，母子二人一起去邻居家道了歉，并且接受了各自小“惩罚”。

孩子难免会说谎，问题不在于如果他们说了谎该怎么办，而在于说谎是否会成为一个使他们可以摆脱惩罚的工具。如果他们说谎的时候没人制止，他们就不会意识到说谎的严重性。因此，对于身边人的说谎问题，我们就不能坐视不管。

任何情况下，说谎都不是应鼓励和效仿的行为。但人始终是生活在一定的社会群体里面的，因此在处理各种社会关系的时候，为了达到更好的效果，总是会不可避免地说一些违心的话，也就是我们所说的“谎言”。

对待恶意的谎言，我们肯定是持批判态度；而善意的谎言初衷都是好的，是希望将伤害降到最小，但善意的谎言如果运用得不恰当也会造成不良后果。

说谎终究还是不对的，讲求诚信，以诚待人，才是立人做事的根本。

那么，遇到有人对你撒谎时，应该怎么办？

以身作则，树立诚信的典范。先不要管别人会不会撒谎，我们每一个人最起码应该自律，做一个诚信的人，这是最应该时常提起的一句话。以身作则，用自身的正面形象去影响周边的人，无论什么时候，都要坦诚沟通，只有这样，别人才会与我们坦诚沟通。只有将心比心，才能从源头上杜绝谎言。

保持冷静，表明我们的立场。当我们发现有人说谎时，应该先保持冷静，避免因此大发脾气。我们可以委婉地告诉对方，其实自己已经知道了事情的真相。如果他能够以诚相对，那么彼此之间依然可以正常沟通，若是对方仍旧我行我素，我们就应该坚定地表明自己的立场，告诉对方我们需要的是诚信的朋友，而不是只会花言巧语骗取自己信任的人。

承认错误，适当鼓励。既然对方已经承认了自己的错误，我们就没有必要对其不理不睬。适当地采取一些鼓励的措施，给予其赞许和表扬，可以增强其责任心，从而让对方体会到诚实的可贵以及我们对诚实人品的赞许。

同时，还应该注意到，不要以自身的标准去评价对方的得失，或许在其能力范围之内他已经做到了最好。过大的压力往往会掩埋真相，要给对方恰当的解释机会，不能仅仅因为一句看似不真实的话就否定一切可能性。

每个人都有平等沟通的机会，这是建立真诚交流平台的基础。

如何应对不切实际的夸赞

夸赞别人并不是轻而易举的事，所谓的“拍马屁”“阿谀”“谄媚”，都是技艺笨拙的伪劣产品，因此它们不符合赞美和夸赞的标准。然而，不少人总是喜欢被奉承。即使知道对方是在恭维自己，但心中还是免不了会沾沾自喜，这是人性的弱点。

丽丽在逛街时，遇到了一家商店过分热情的销售服务。本来，丽丽只是路过此店，偶尔看到了店中橱窗在展示衣服，因为自己也并不赶时间，所以决定进店去转转，权当是消磨时间。

她刚一走进店内，一位营业员就很有礼貌地跟她打了声招呼。丽丽对这种贴心服务早已经司空见惯，因此也没觉得有什么异常。可是，当丽丽想要静下心来好好欣赏一件衣服的时候，营业员在她身边喋喋不休。

“小姐，您真是有眼光，这是我们店特有的长裙，相信您在整个城市都买不到第二件。”

“小姐，您的身材这么好，我想不管穿上什么衣服，都能够衬托出您的完美体形。”

刚开始，营业员说的都是一些场面上的客套话。丽丽明白，虽然她们这么说有着自卖自夸的嫌疑，但这么做也是逼不得已。可是接下来却发生了一件令她啼笑皆非的事情。

一位身材肥硕的贵妇人走进了店里。她好似看中了一款上衣，营业员自然对这一切了然于胸。于是，嘴巴从来不闲着的营业员开始了自己的推销服务："太太，这件衣服真的很适合您的身材。"本来衣服就是加大号的，营业员这么一说，反倒让那位太太略显尴尬。此时，营业员却没有意识到发生了什么事情，她还在自顾自地推销着自己的商品："太太，我想您要是穿上了这件上衣，一定会显得非常苗条。您漂亮的体形会被这件衣服衬托得更加完美，您的身形和衣服的款式绝对相配，可以说是相得益彰。"

那位太太本来已经有意购买这款上衣了，可听完营业员的一番话，她拿起衣服的手却又渐渐地放了下来，仿佛只要她穿了这件衣服上街，就会更加凸显自己身材的臃肿一样。"我再看看吧。"贵妇人带着不满的表情离开了。

适当地夸赞，可以给对方留下一个良好的印象。对于言过其实的夸奖，宁肯不去夸赞，也不宜夸大无边。夸赞别人首要的条件，就是要有一份诚挚的心意及认真的态度。这才是真心实意的赞美，而不是虚假的阿谀奉承。

"良药苦口利于病，忠言逆耳利于行。"人无完人，每个人都喜欢听一些夸赞和表扬的话，以期从中寻找到更多的自信。然而，当对方不顾实际情况而肆意地对我们进行夸赞的时候，我们可要小心了，在他满面笑容的背后，可能隐藏着无法明示的阴谋。

因此，在面对过分夸赞时，可以采取如下做法。

首先要表达谢意。

不管对方出于什么样的目的，他都对我们提出了表扬和赞许。因此，出于礼貌，我们要做的第一件事情都应该是先表达自己的谢意。当然，虽然我们有可能并不赞同对方提出的观点或者表扬方式，但伸手不打笑脸人，如果我们直接拒绝了对方的夸赞，反倒成了自己的失礼。

我们可以这样说："虽然我知道我并没有你夸奖的那么好，但还是真心地谢谢你。"先礼后兵，这样一来，就会让自己掌握主动权。

把事情委婉道出，善意提醒对方应该注重实际情况。

过分的夸赞总是容易让人迷失自我。尤其是对于孩子来说，过多和过度的表扬会让孩子错误地认为自己的言行能够讨父母的欢心。久而久之，孩子不管做什么事情，都不是因为自己想做或喜欢做，而是因为这样做能够得到爸爸妈妈的表扬。这样一来，孩子会特别在意别人对自己的关注和看法，时间长了，就失去了基本的辨别是非的能力和自我意识。

因此，当我们意识到对方的夸赞已经超出了实际情况时，就需要善意地提醒对方应该注意“度”的问题。我们可以这样说：“虽然我为这件事情付出了很多努力，但我想您的赞许远比我的付出要多得多。”

一方面，我们要拒绝别人对自己的过分夸赞；另一方面，我们要避免自己陷入过分夸赞别人的怪圈之中。表扬是一门需要用心钻研的艺术。只有把握好表扬的技巧，才能够增强受表扬人的自信心。

想要学会怎么样去表扬别人，就要做到以下三点。

对特殊的对象要把握好节奏。对于新人，或者是还未长大的孩童，应该在刚开始表扬多一点，然后慢慢地减少。只有把握好了这样的节奏，才能发挥表扬的作用。

切忌表扬过度。当对方取得一定成绩时，不要吝啬自己的赞美，但是过分的表扬也是不可取的。表扬太夸张，将促使其产生骄傲自满的心理。因此，表扬一定要适中，把握好轻重。

表扬要具有目的性和方向性。在表扬一个人的时候，要明确地传递出他究竟是哪些方面做得好而得到了嘉许，以便其在以后的学习和工作中能够百尺竿头，更进一步。

不要成为他人的依靠对象

俗话说，背靠大树好乘凉。没错，这是针对乘凉的人来说的。可是大树呢，它却要独自承担起遮阴的重任。面对着如火一般的骄阳，谁能想到它所受的那份磨难呢？因此，拒绝成为他人依靠的对象，不做参天大树，让自己活得更加轻松自由一些，才是生活的真谛。

每个人要想在社会上生存下来，首先应该想到的是依靠自己，而不是亲朋好友。用于乘凉的大树总有枯萎的一天，而我们却必须靠自己的力量，成长为一棵能够抵挡风雨的树。

可是，并不是每一个人都有这样的想法。当我们逐渐成为他人想要依赖的参天大树时，我们会怎么做？是顺其自然，还是忠言相劝？也许，我们可以这样做：朋友有难，理应“两肋插刀”。现在，摆在我们面前的唯一事实是，朋友确实处于困境之中，而我们正好就是可以助其一臂之力的那个人。那就抛弃那些毫无意义的理论说教，主动伸出我们的援助之手吧。其他的事情都可以在事后解决，而当前要解决的问题就是如何帮助朋友摆脱困境。

之后，我们需要向他声明一点，我们慷慨地帮助他，主要是因为彼此是好朋友。但是，这并不等于我们就是他可以背靠乘凉的大树。朋友有难，两肋插刀是我们的原则；而人要靠自己去奋斗，也是我们的原则。明确地向朋友说明，我们不想违背原则做事，希望他能够理解我们的苦心。

或许我们的经济状况好于他人，或许我们的社会地位高于他人，但是并不等于这一切都是我们不劳而获得到的。人们往往只是看到我们光鲜的外表，看不到我们背后奋斗的辛酸。因此，在我们帮助朋友摆脱困境之后，当单纯的说教起不到作用时，不妨把我们隐藏起来的往事拿出来与之分享。一方面，可以用自己的励志故事打动朋友的内心；另一方面，朋友可以从我们的过往经历中吸取经验教训，少走弯路。

一番谈话之后，他自然就会明白一个道理，那就是没有人能随随便便成功，所以，我们也就更加没有必要被动地成为那棵参天大树了。

一时摆脱了困境，不代表永世不用再去受苦受难。授人以鱼不如授人以渔，我们可以引导并且教会他一些做事的方法和技巧，让他尝试从零开始。如此一来，我们教会他的是永世不会枯竭的技术，而不是暂时可以充饥的“大饼”。

面对工作、面对社会、面对人生……如果我们的朋友明白事理，一定会感谢我们的明智选择。因为，未来的一切永远都需要自己去把握，只有自己才是自己命运的掌舵手。

不让别人干涉自己的生活方式

每个人都有自己与众不同的生活方式，选择一种真正适合自己的生活方式，并且还要做到不受他人干扰，向来不是一件容易的事。人是社会性动物，因此想要在社会上立足，或多或少会被他人干涉。我们是否有勇气说，我的生活我做主，拒绝他人干涉我们自己的生活方式呢？

其实，所有的命运都掌握在我们手中，我们的行为决定了自己的生活方式。每个人都有自己独立自主的生活空间，我们也有权利选择自己的生活方式。

正如“世上没有两片完全相同的树叶”，即便人与人再相似，但在本质上却还是完全不同的。因而，谁也不可能让别人取代自己。别人眼里的幸福不一定就是我们的幸福，适合别人的生活方式不一定适合我们。寻找自己的生活，才是快乐的根本和源泉。

尊重自己的理想是我们一生都在坚持的事，任何时候我们都绝不可能背离自己的意愿，而去做违心的事情。人活着就要活出自我，生活需要波澜，但更加需要真正属于自己的情趣和格调。

究竟哪种生活方式是适合自己的？首先要了解自己究竟是怎样的人，然后就应该向着那个方向努力。当有人企图用他的生活方式来干涉我们的生活自主权时，我们应该这么做：先搞明白自己要什么，再坚持自己的理想。

还未决定结婚或当父母时，先好好想一想自己适合哪一种生活方式。

当我们享受恋爱的乐趣时，我们未必有面对婚姻的心理准备；当我们享受婚姻的乐趣时，我们未必做好为人父为人母的准备；当我们享受当父母的乐趣时，我们未必享受柴米油盐的乐趣……

通常大家决定结婚或者当父母时，习惯以经济作为唯一的考虑条件，而忽略个人的性格、心智方面的成熟及婚姻生活和作为父母需要承受的压力。这是典型随大流的一种被动生活方式。

在还有能力自己去做决定时，先想清楚自己到底想要什么样的生活方式。他人的看法或者已有的生活方式只代表他们个人，想要活出自己的风格，就要坚持自己的理想，而这一切的前提是，先搞明白自己想要什么。

“你说的方式真的很不错，但它可能不适合我。”

很多情况下，我们在众人的舆论压力中，往往很难选择自己真正喜欢的生活方式。这其实和人们本身的性格缺陷有关，如果能够坚强地走下去，或许会看到人生的另一番风景。但如果走不下去，最后只能被动地成为他人生活方式的追随者。

这个时候，我们应该明白一点，父母或者朋友的出发点都是为了自己好，其目的都是希望我们的生活能够如同芝麻开花一般节节高。因此，在拒绝时，我们可以说：“×××，我知道你是为了我好，但为我好就应该让我去做自己真正想做的事情。或许你说的方式真的很不错，但它可能并不适合我。”类似这样的话，虽委婉，却可以直接起到堵住对方嘴巴的作用。

没有人是完美的，在思考的过程中谁都会犯错。因此，即便我们拒绝了对方的提议，在追寻自己生活方式的过程中也要适当听取对方的意见。要牢记一点，对方的意见一定要主动地有选择地去听取。否则，我们就又重新变成了对方意见的追随者。

深夜来电巧应对

身处现代社会，半夜会“学鸡叫”的不一定都是“周扒皮”，也有可能是多年未见的朋友想要和你一诉衷肠。不管是谁，深夜的手机来电对我们来说不是一件愉快的事情。当我们从被窝中艰难地爬起来时，心中一定在痛恨电话另一端的那个人。所以，我们要坚决抵制深夜来电。

刘超最近在去营业厅缴纳手机话费的时候，着实被吓了一跳。平常一个月只要几十元话费的他，当月却被足足扣去了600多元。不明就里的刘超请服务人员帮忙打印了一张话费清单，他仔细一看，一个熟悉的号码瞬间跃进了视线之内。

原来，最近总有一些号码在深夜的时候拨打刘超的手机。而且，该号码大多是一个陌生的区号。最令人不解的是，这些号码总是响上一两声就自己挂断。刚开始，刘超还以为这是哪位久不见面的朋友新换了号码而给自己拨的一个骚扰电话，然而这其中暗藏的玄机他却没有看出来。

因为这样的电话都在半夜拨过来，工作一天的刘超总会被吵醒。有一次，凌晨3时，手机突然响了一声，刘超担心是朋友有急事，立即回拨给对方，接通之后电话里先传来一阵音乐，他以为是彩铃所以没在意，但过了一会儿，电话里传来一段录音：“尊敬的客户您好，您的手机号码已中奖……”刘超立即挂断电话，他知道，这是一个骗局。然而，通话时间仅仅两分多钟，却被扣去了几十元的话费。

所谓吃一堑长一智，在职场摸爬滚打多年的刘超自然知晓这样的道理。于是，在从营业厅出来后，他下定了决心，以后在晚上睡觉的时候一定要关上手机。

果然，刘超和妻子两个人都安安稳稳地睡了几天舒坦觉。

然而，另一个问题也随之而来。有一天晚上，公司的总设计师打电话给刘超，让他赶回公司做一个紧急的单子，因为客户第二天就要用设计方案。

可是，那天晚上刘超和妻子的手机都处于关机状态，总设计师的电话始终没有打进来，刘超当然不可能知道这项紧急任务。无奈之下，总设计师只好另谋人选，最后赶出来的设计方案也并不尽如人意。虽然刘超并没有受到处罚，但总设计师对他的态度已经出现了相当大的转变。刘超也由接任务时的第一候选人，坐到了无人问津的“冷板凳”。

本来，设计公司的任务没有正常的时间点，公司一般要求员工全天24小时开机。刘超晚上关机虽然是被迫无奈的选择，但却不大不小地触犯了公司的条例。这让他头疼不已。

私底下，刘超问一个同事，是不是他也遇到过相似的问题。同事深有同感地点了点头，但同时又无奈地叹了口气说：“能怎么办呢？这些半夜‘鸡叫’，着实把你我给害苦了。”

还有一种情况，就是你的亲友可能遇到了什么烦心事或者突然心血来潮要和你谈心，此时的你既不能挂断电话又不想影响自己的睡眠，那应该怎么办呢？

首先，要向朋友表达自己的思念之情，或者对其遭遇表示深有同感。

其次，安慰或者鼓励对方是必要的，这会在很大程度上瞬间拉近彼此的距离。

再次，适当地谈心，但要注意时间限制。这么做，可以缓解朋友的心理不适的症状。

又次，向对方说明自己正在睡觉，并且第二天还要上班。语气要平缓，以免留下不近人情的印象。

最后，告诉对方要及时休息，并且许诺会在第二天的下班时间准时把电话打过去，而且一定会兑现自己的诺言。

相信当你挂断电话之后，朋友心中虽有不快，但亦能理解你的苦衷。当第二天你准时把电话拨过去的时候，对方一定会为你的诚实守信而感动。

分清朋友间的利害关系

朋友之间，遇到困难的时候本应该尽自己所能去帮助对方。然而，我们的好心有时候会被误会，自己平时十分珍惜的物品在借给他人之后，不但得不到他人的珍惜，甚至一去不归。假如下一次再有人向你借东西时，你还会那么慷慨吗？

玥玥最近晚上临睡觉之前，总会对妈妈说："娜娜前两天借我的红色绘图铅笔还没有还。"其实，魏霞并不是一个小气吝啬的人，在教育子女这件事上，她从来没有马虎过。所以，玥玥绝对不会因为一支红色绘图铅笔的事情就和好朋友闹翻，这背后肯定还有其他的原因。想到这里，魏霞决定问清楚到底发生了什么事情。

"玥玥，你实话和妈妈说，娜娜为什么借了你的红色绘图铅笔不还呢？"玥玥撅起小嘴，不高兴地说："上周在上图画课的时候，娜娜说我的红色绘图铅笔的颜色很好看，她想要借去用用。可是，直到现在她都没有还给我。"

魏霞知道玥玥对自己的画笔十分珍爱，于是只得耐着性子引导着孩子说："玥玥，朋友之间应该大方，不要因为一点小事情就生气而互相不说话。也许娜娜忘记了呢？"

"才不是呢！"玥玥的回答吓了魏霞一跳，"每一次，娜娜借我的东西用，我都会毫不犹豫地借给她。可是，娜娜要么都不归还我的东西，要么在还给我的时候已经不能用了。"

魏霞没有想到事情背后的真正原因会是如此。她问女儿："玥玥，那你为什么不直接向娜娜要呢？"

"我要了，可是娜娜不给。"玥玥委屈得想要哭。

"怎么会这样呢？娜娜怎么说的？"魏霞继续追问。

玥玥说："我向娜娜要的时候，她说为什么我可以借给别人就不能借给她呢，是不是不把她当朋友。"

魏霞明白了，原来女儿是害怕因为一支绘图铅笔而失去了一个朋友。在魏霞的继续追问下，她发现这样的情况已经不止一次。魏霞不禁想起了自身的经历。

大学时候，魏霞靠着暑期打工挣来的几千元，买了一部数码相机。然而，她刚刚回到宿舍，同寝室的好友小岚就要借她的数码相机用。魏霞心里有一百个不愿意，可是出于同玥玥一样的理由，最后她忍痛将相机借给了小岚。

不是魏霞舍不得自己的相机，而是小岚从来不懂得珍惜他人的东西。记得大一放假的时候，路途比较远的小岚想要借用魏霞的行李箱。因为怕长途颠簸弄坏了自己的行李箱，魏霞婉言拒绝说自己还要用来装衣服。可小岚却把自己的行李箱放到魏霞面前，非要用她自己的行李箱换魏霞的行李箱。无奈之下，魏霞只得答应了小岚的请求。

开学归来后，魏霞用来存放衣服的小岚的行李箱一直安安静静地躺在宿舍里。可是，当小岚回来的时候，魏霞的行李箱已经破损不堪。原以为小岚会主动向自己道歉，魏霞并没有打算让小岚赔偿，可没有想到的是，小岚扔下一句"你的行李箱质量太差了"之后，就再也没有提过其他与之相关的话。

鉴于上一次的教训，魏霞这一次真的很想拒绝小岚。可是碍于同学之间的面子问题，魏霞又说不出口。最后，只得看着小岚拿着自己新买的数码相机大摇大摆地出去玩了，只剩下自己一个人在宿舍里提心吊胆。

魏霞和女儿玥玥遇到的问题实质相同，她们都不知道应该怎样去拒绝自己的朋友，甚至是自己讨厌的人，她们害怕直接拒绝会伤害了彼此之间的友情，但若是不加以拒绝，自己心里又有所不甘。因此，魏霞需要做的就是，找到这种现象的本因，从源头上遏制其滋生，教给女儿真正的拒绝之道。

当朋友借某件东西时，我们通常不会拒绝，一是碍于人情，二是不想给自己留下小气抠门的坏名声。可是，当遇到不达目的不罢休的讨厌鬼时，我们虽不情愿但又无从拒绝他的要求。其实，从根本上说最应该改变的是我们。

金钱和友谊之间的价值永远没有办法画等号，可是既然二者都被摆在了天平之上，那么我们就必须去做一个决断。害怕失去朋友，就把自己心爱的东西拱手相送，并不是健康的交友心态。

在朋友向我们借心爱的物品时，我们必须事先声明该物品对我们的重要性，希望朋友使用时倍加珍惜。如果朋友在归还物品的时候，因为不加爱护而使其出现破损现象，那么此时我们就应该表达出应有的责备之情。“哎呀，你怎么这么不小心呢？这件东西我都舍不得这样用的。”

有些人好面子，总是喜欢在朋友面前做一些违背自己本心的事情。当朋友一次次地向我们借东西时，我们虽然心中不愿意，但口头上又不好意思不答应，此时就应当采取非常措施。碍于面子我们不想直接拒绝，那就让我们珍爱的物品“闭关”吧。不在朋友面前炫耀自己的任何物品，他也就无从可借。我们可以回答说：“不好意思啊，我也没有这件东西，如果你要急用的话，我可以陪你一起去买。”

朋友明知道我们有这件物品，而我们又恰恰不想借给已经屡次让我们生气的他，可他又死心不改。这时，我们就需要直接拒绝他的要求。“不好意思，我不能借给你。每一次，你都把我珍爱的东西弄得不成样子，我想你可能根本就不珍惜我的物品，所以我不能借给你。”

如果朋友因为你珍爱自己的物品而生气，那就是他不珍惜我们之间的友情。把我们当朋友的话，应该把我们的东西当成自己的东西一样爱护。所以，朋友如果翻脸，其实已经向我们表明他对这份友情的态度，我们完全没有必要去珍惜这份不必要的友情。

拒绝其实也是一种习惯。缺乏拒绝的经验，不敢开口拒绝，就永远走不出心理的阴影。俗话说，死要面子活受罪。只有认清这个道理，才能心安理得地拒绝他人。

掌握好自己生活的方向盘

“独在异乡为异客，每逢佳节倍思亲。”中国人在过节的时候都喜欢三五好友凑在一块，大家一起热闹一下。尤其是对于在外漂泊的人来说，逢年过节无法回家时，都会同在异乡的朋友们聚在一起，互相倾诉思乡的苦恼。可是，聚会一多，花钱多是小事，身体还会吃不消。所以，无论什么时候，都要掌握好自己生活的方向盘，拒绝频繁聚会。

陈刚看了看手表，已经是深夜12时了。他端起桌子上的茶水喝了一口，然后随便冲了个澡，趴在床上就人事不醒了。

这已经是这个星期第三次醉倒了，被闹钟吵醒的陈刚在心里面默算着。

每次一到节前，陈刚总是要疲于应付各种名目的聚会。独自一人在外地工作，过节时很难回到老家和家人团聚。好在这个城市中，还有一帮老同学和同事。大家平时都很忙，谁也没有时间出来聚会见面。难得过节放假，大家都想轻松一下，再加上陈刚人缘好，所以总是被各种名目的聚会拉进去串场。

每次回到家时，陈刚都是一身酒气。第二天早晨醒来，则会头疼欲裂，有次，陈刚在床上躺了整整一天都没有恢复过来。有时候，看着冰箱里的剩饭剩菜只有变垃圾的份儿，再看看自己一夜之间变得空瘪的钱包，陈刚的心里很不是滋味儿。

这次，恰逢中秋节的三天假期。前两天陈刚已经和老同学们聚了一次，又和以前公司的同事小聚了一回，不论哪一次，陈刚都不能草草应对。毕竟，在这座钢筋水泥的丛林里，多一个朋友还是有必要的。三天假期过去了两天，陈刚则在酒桌和家之间转悠了两天。

昨天晚上的聚餐，陈刚更无法推辞。公司老总特地在市中心的一家酒店设宴款待公司的中层领导。陈刚在公司的职位并不高，难得老总赏识他，邀请他参加这样的聚会。席间，生蚝、鲍鱼、海鲜等陈刚吃了一个遍，同时他也替老总挡下了不少敬过来的酒。老总连夸陈刚好样的，可谁知道他的这一杯杯酒下肚时的苦涩呢?

散席之后，陈刚打车回家。谁知刚一上车，司机师傅就把陈刚的境况猜透了。他一边开车一边对陈刚说："年轻人，聚会还是少参加为好。毕竟，身体才是革命的本钱啊!"陈刚在座位上无奈地笑了笑，随后便昏昏沉沉地睡了过去。

今天早晨刚一醒来，陈刚又收到一条短信。这是同事小李发来的聚会邀请。陈刚是项目组的负责人，中秋佳节，他手下的组员们非要请他吃饭。陈刚一方面确实心疼自己的身体，另一方面又不能直接拒绝，以免给组员们留下摆领导架子的坏印象。陈刚一时间不知道怎么办才好。

小李的短信声再一次响起时，陈刚在蒙眬中回复道："好的，不见不散!"迎着早晨的阳光，他在温暖的床上又重新沉沉睡去。

很多时候，我们往往疲于应对各种名目的聚会，却忽略了自己身体的承受能力。直到身体出现问题时，才后悔自己当初的决定，我们一定要掌握好自己生活的方向盘，别被别人的决定牵着鼻子走。自己的身体就好像是一辆战车，只有真正懂得驾驶它的人，才会明白它的磨损程度和承受能力到底有多大。千万别把自己的这辆战车开到人多拥挤的车道上，否则一旦陷身其中，想退都来不及了。

不想独自过节，但又不想受到频繁聚会的困扰，这已经成为大多数人放假时的新难题。本来是举国欢庆的日子，但却因为过度的吃喝，从而造成众多的“后遗症”。不是钱包缩水，就是肠胃不适，更有甚者还会直接影响到正常的工作和生活。而这一切，都源于我们不懂得拒绝。

针对让我们没有办法拒绝的邀请时，在出席宴会时要学会理性饮酒。时刻以自己的身体承受能力为极限，超过这条警戒线，就要给自己亮红灯。既然没有办法拒绝邀请，那就拒绝席间各种各样的敬酒吧。“我实在是不能再喝了，改天我专门请你喝酒以表敬意，好吧？”真诚地向对方说明自己的具体情况，相信大多数人都不会对我们强行灌酒。

当同事或者朋友们聚会，我们又不得不参加时，可以在聚会规模和频率上进行限制。和我们的朋友商量好参加聚会的人数，无论是酒水还是菜肴都以够量为准。一方面避免铺张浪费，另一方面劝解大家适量为止。毕竟，聚会永远没有最后一次，没有必要非在这一次喝得烂醉如泥。

身体永远是本钱，任何时候都要以自己的身体承受能力为准则。如果身体出现异常，再重要的聚会也得推辞掉。身体是革命的本钱，这是时刻不能忘记的重要准则。面对朋友的邀请，你应该以实情相告。“真是对不住，这两天我的身体出了点小毛病，所以晚上的聚会我就去不成了。”没有人会让我们拖着病恹恹的身体去参加聚会，等我们如此说过之后，有心的朋友还会专门来家看望我们。

很多时候，不是我们不能拒绝，而是不愿拒绝或者不懂拒绝。因此，要想掌握好自己的方向盘，就需要时刻提醒自己远离这些不良的生活习惯。适当的时候可以采取关闭手机的硬策略来拒绝邀请，从而可以避免自己禁不住诱惑而再一次成为酒桌上的常客。

第三章
对朋友说“不”的艺术

社会上有一种人，凡是朋友需要帮助，无论自己能不能帮得上，都一口答应，最后忙没帮上，自己也深受其害。因为不会拒绝，常使自己的生活徒增烦恼。有时候，最简单的拒绝办法就是“不行”，不需要给出任何的解释。我们花了大把的时间斟酌拒绝对方的理由，其实对方早在开口的时候已经做好了被拒绝的准备，所以简单一些是最好的方式。

学会对朋友说“不”

小齐是大学教师，住在学校的单身宿舍内，平时学校的教学任务不是很重，因此，在业余时间小齐也常常给出版社或期刊编编书，写写稿子，所以，每当接到一个任务后，就会有段时间忙得不可开交。

她的朋友小贝，正在读在职研究生，因为学校离家很远，所以有课的时候总是住在小齐那里。小贝平时工作也很忙，碰到学校课多作业又堆积如山的时候，她总是让小齐帮她完成作业。不忙的时候，小齐都会应承下来，但这次，小齐还有两天就要交稿了，面对小贝的求助，她又实在不忍心拒绝，但自己的事又迫在眉睫，这使小齐陷入了左右为难的境地。

诚然，帮助朋友是重要的，尤其是主动地、心甘情愿地帮助需要帮助的朋友。但每个人的能力都是有限的，也都有自己为人处世的原则和底线，因此，在与朋友交往时，不要轻率地对朋友作出许诺，对于那些违背自己原则的事情，超出自己能力范围的请求，应该懂得拒绝。

比如，我们隔天要上班，朋友却想请我们深夜开车送她到 100 多公里外的机场，而她其实可以有更方便的交通方式可以选用，这一要求明显有些欠缺考虑，你完全可以巧妙地加以拒绝。相反地，如果她是接到紧急通知奔赴病危母亲的床前，那么，就要另当别论了。

对于朋友的请求，要注意分析，不能一概满足。具体来说，要注意以下几个方面。

第一，问清目的。朋友要求我们帮助或希望与我们合作完成某事时，我们应该首先问清楚是什么事，动机是什么，目的何在。如果是正当的，也在我们的能力范围之内的话，我们就可以尽量提供帮助，以尽朋友之谊。但如果朋友的要求超出了我们的能力范围，或是完全违背了我们的原则，我们就应该及时地、毫不犹豫地拒绝。

第二，态度明确。无论对方的要求多么强烈，只要我们认为不能接受，便要态度明确，不能含糊其词。比如，尽量不使用“尽力而为”“尽量”“尽可能”等有较大灵活性的字眼，你可以用“实在抱歉，我无能为力”“对不起，我没有办法答应”等表达来表明自己的态度。

第三，接受指责。遭到了我们的拒绝，对方的要求不能达到，他可能会对我们加以指责。对此，我们可以表示接受。这里，需要注意的是，千万不能中了对方的激将法。比如他说：“我就知道你可能做不到，看来果然如此。”对此，我们不妨报之一笑，承认自己能力有限，做不到他要求的事。

第四，消除愧疚。拒绝了朋友的要求，朋友可能会愁眉苦脸、唉声叹气。这时候，我们没必要自责，没必要感到愧疚。既然选择拒绝，我们自然会有自己的理由，要知道拒绝不是亏欠，我们可以用自己的理由来消除内心的愧疚，以达到心理的平衡。

第五，间接拒绝。有时候碍于面子，当面不好意思拒绝朋友。这种情况下，我们可以让朋友先回去，告诉朋友等自己考虑好后再给他答复。然后，通过打电话、发邮件等方式告诉他。这样，可以避免当面拒绝带来的尴尬。

与朋友相处，应该做到言而有信，行而有果。因此，不可空口许诺，信口开河。对于朋友的请求，不应随口应承，而要三思而后行。对于那些自己无法办到的请托，应该巧妙地加以拒绝，果断地对朋友说“不”。

朋友相处也不要太亲密

人与人相处时，很容易因为交往密切而忘记站在对方的立场上考虑问题。人们都说夫妻要“相敬如宾”，其实朋友之间更应该如此。

每个人都有自己的性格特点、特殊经历和不一样的人生体验，对同一事物、不同的人也会有不同的认识和感受。与朋友来往的次数越是频繁，彼此之间的差异就越是明显，经常形影不离更是会让这种差异凸显出来。

朋友之间的相处，如果不能把握好“度”，不能控制好距离，就很容易出现问题。因为，一旦过了相处的“蜜月期”，便无可避免地要面对彼此的差异，于是双方从尊重对方变成了容忍对方，到最后成了要求对方。当要求不能如愿时，便开始有了挑剔和批评，两人之间的友谊这时就会受到影响。

李妍和刘芸是一对好朋友，在李妍心中，刘芸的地位非比寻常，甚至比一日三餐还重要。两人同在一家合资公司做公关，上班时间，由于公司制度非常严格，两人交谈的机会很少。尽管如此，李妍总会想办法找机会和刘芸聊上几句。下班回到家，李妍要做的第一件事就是给刘芸打电话，有时候一聊起来能达到饭不吃、觉不睡的地步。

星期天，李妍也总会叫刘芸陪自己去购物、逛公园，而且往往一玩就是一整天。有好几次，刘芸都想拒绝，可是又怕李妍生气伤心。

刘芸是个有上进心的人，想在事业上有所发展，就为自己报了一个班，准备利用业余时间学习英语。星期天，刘芸刚准备出门，就接到了李妍打来的电话，说是要一起去裁缝那里做衣服。刘芸解释了大半天，李妍才肯罢休，因为这个，刘芸赶到培训班的时候，已经迟到了 15 分钟，刘芸心里有些不大痛快。

又一个星期天，李妍说有人给她介绍个男朋友，非要刘芸和她一起去看看，刘芸为难地说："不行呀，我今天得去上课！"李妍听了心里很不是滋味，刘芸从来没有拒绝过自己的请求，可是这段时间，刘芸总是想方设法推托。

为了实现自己的目的，周日那天，李妍一大早就赶到刘芸家，对她软语相磨，就这样，刘芸最终没上成课。那天以后，刘芸便郑重地告诉李妍，以后星期天她要学习，不能再陪她玩了。

但李妍并没把这话放在心上，一如既往地缠着刘芸，在李妍看来，好朋友就应该天天在一起。为此，刘芸只好躲到亲戚家去住。这下李妍更不高兴了，她认为刘芸是有意疏远她。李妍说："我很伤心，刘芸是我生活中最重要的人，可她一点也不在乎我！"

过密的交往几乎剥夺了刘芸的自由，使刘芸的心情烦躁，不能合理地安排自己的生活，最终这样一对好朋友渐渐疏远了。

世界上最珍贵的东西，往往也是最脆弱的，与朋友之间的关系也是这样。古人云："入芝兰之室，久而不闻其香；入鲍鱼之肆，久而不闻其臭。"朋友之间形影不离，凡事不分你我，时间久了，往往就感觉不到对方的优点和长处，甚至会在意对方的缺点和不足，如此便容易产生摩擦和冲突，影响到友谊的健康发展。与其这样，不如与朋友保持适当的距离，给彼此独立的空间，这样反而能让我们更好地体会到友情的快乐。

有的人把好朋友当成知己，认为好朋友之间就不能有秘密。其实，无话不说也有个限度。身边常有这样的事情发生：两个特别要好的朋友，同吃同住，好得就像一个人，彼此对对方都了如指掌。由于他们太熟悉对方而不分你我，把对方的秘密当成自己的而告知于人，严重影响到了朋友的正常生活，从而导致朋友关系难以维持。

所以，就算是对最好的朋友，也要适当保留一些个人的秘密，不要妄想通过公开自己的私人生活来证明对朋友的诚意，也不要奢求朋友会对我们的每一个私人问题都提供帮助，该自己面对的就应该勇敢面对。

君子之交淡如水。朋友间相处应该既能感受到彼此的温暖又免于相互的伤害，大可不必认准一个好友跟我们分担所有的欢喜悲忧。要想更好地维持彼此之间的友情，我们就要学会拒绝太过亲密的朋友关系，做到往来有节，互不干涉，千万不要让彼此的关系成为对方或双方的一种负担。

如果两个好朋友在事业上能够志同道合，在生活上能够互相关心，而在私人生活上又相对独立，彼此不打扰对方喜欢的生活，那么，他们之间的友谊就一定能够长久并一直保留最初的美好。

“物极必反”的道理，同样适用于朋友之间的交往。距离是一种美，也是一种保护。在与朋友交往的过程中，要拒绝与朋友太过亲密，不分你我，而应该保持适当的距离，有一定的弹性，要做到来往有节，互不干涉，给彼此足够的个人空间。

用恰当的方式回绝请求

朋友之间常常有事相托相求，这是正常的。但也有朋友相托相求的事，超出了我们的承受范围，或是违背了我们的原则，甚至是违背了客观事实。如果遇到这样的情况，我们应该果断拒绝朋友的请求。不要认为自己这样做很绝情，其实不然，这样做反而是为了更好地维护与朋友之间的友谊。

首先，违反原则的事情，我们若是干了，一旦东窗事发，我们和朋友都将沦为阶下囚或违纪者；其次，超出我们承受能力的事，我们无能为力，如果不说明情况予以拒绝，反而会因为办不成事而伤害彼此之间的感情；最后，违背意愿的事，如果我们不拒绝，就会影响到与朋友交往的情绪，从而妨碍友情的进一步发展。

张克和李晓是从小一起长大的哥们儿。有段时间，李晓因为做生意赔了钱，资金一时周转不开，向张克借钱。张克看在老朋友的份上，将自己的四万元存款全部借给了他。对于张克的倾囊相助，李晓心里充满了感激。

因此，李晓每天晚上都会给张克打电话，先是问候，接着便大吐苦水。张克每天下班很晚，回到家还要花两三个小时陪李晓聊天解闷。每次李晓说完自己的事后，又开始问张克家里的事，大大小小的事他都要打听，而且每件事都要评论几句。

开始，张克觉得李晓心情不好，只要他问起，或多或少都会说上两句。可是，最近，张克发现，妻子总是会时不时地问他：“张克，你是不是对我有意见？你心里有事可别瞒着我！”他有些莫名其妙，后来才知道，他对李晓说过的话，一字不差地通过李晓的嘴，传到了妻子的耳朵里。知道原委后，张克一直很恼火。

更糟糕的是，李晓开始在半夜三更来找张克，让张克陪他去酒吧。这样的日子持续了将近一个月，张克再也忍受不了，妻子、孩子的生活也受到了影响，对其牢骚满腹。张克觉得自己现在已自身难保了，再也没精力帮李晓了。

有一天，李晓打来电话后，张克在他开口之前，便跟他大吐苦水。他们俩毕竟是多年的老朋友，相互间非常了解。听了张克的这番话后，李晓也明白自己的言行给朋友带来了困扰，这之后，李晓也就渐渐改掉了自己的这种毛病，两人的相处又变得轻松愉快起来。

拒绝是一种“量力而行”的表现，有些请托由他人承办可能更合适，或本应由请托者本人来做，没必要因此而自责难过。有时候，拒绝也有利于朋友反思与检视自己的行为。

当然，拒绝朋友也要讲究方式方法，不同的人、不同的情况，拒绝的方法也应该有所差别，不能一概而论。常见的方法有以下几种。

一是耐心地劝阻，言明利害关系。当朋友所托之事是违反原则的事，甚至是违法违纪之事时，应该耐心地进行劝阻，帮助朋友分析其中的利害关系，并表明自己的立场，让朋友自己去权衡，并作出选择。

二是告诉朋友自己的苦衷和难处。如果朋友所托之事超过了我们的能力范围，可以向朋友详细地说明自身的实际情况，让朋友知道我们的苦衷和难处。

三是委婉地请他人转告朋友。如果朋友有求于我们，而我们又不好当面拒绝，或自己亲自说出口不合适，可以巧妙地利用“第三者”来转达。

四是为朋友另想办法，另指出路。当我们对朋友的要求感到力不从心或者不乐意接受的时候，我们可以采用另指出路的办法，以解决问题。这样的方式，朋友更容易接受，对朋友所托之事往往也更有效。

五是巧妙地转移话题，表明自己的态度。朋友要求我们做一件我们不想做的事，可以采取答非所问的方式，巧妙地利用暗示的方法让对方知道，我们对他提出的意见不感兴趣，他就会知难而退。

六是找一个合理的借口进行推辞。有时候，找一个合理的借口，推了我们不想去做的事，即使这个借口带有欺骗的成分，只要不会伤害到对方，也是一个可取的办法。

七是用拖延的方式让朋友知道自己的态度。如果直接的拒绝可能会伤害对方，而适当地拖延又不会给事情的发展带来不良影响的话，我们可以采用拖延时间的方式，让对方感觉到我们的拒绝。这样的方式不仅能让朋友知道我们的态度，还很好地维护朋友的自尊。

拒绝朋友是一件很难办到的事，特别是一些多年的老朋友，更不好意思不帮忙。但是，如果我们的帮忙弊大于利时，就应该果断地拒绝，并且在拒绝时让朋友知道原因，相信他会明白我们的苦衷的。

对于朋友的请求，我们不可能做到有求必应，而有些事情本该由朋友自己去完成，或是违反道德法律的请求，我们更是应该坚决地予以拒绝，果断地对朋友说“不”。只要我们能注意方式方法，让朋友知道我们的难处，就能既达到拒绝的目的，又不伤害朋友之间的感情，同时还有利于朋友反思和检视自己的行为。

拒绝也要有人情味

“有朋自远方来，不亦乐乎”，能和好友相聚，叙叙闲话，品茗对弈，交流思想，也的确是人生的一大乐事。宋朝词人张孝祥在与友人夜谈后，就忍不住发出了“谁知对床语，胜读十年书”的感慨。

然而，每个人都会有想要独处的时候，都需要私人空间，都有不喜欢被打扰的时候。这时候，如果有人前来，而这人恰好是我们的好朋友，甚至是患难之交，这时我们因为担心伤了彼此之间的感情就会很难拒绝。

徐斌最近就常常被这样的情形所困扰。孙超是徐斌中学时代的好朋友，两个人相交有十多年了，关系一直很好。孙超没上过大学，但是人很能干，自己开了一家服装加工厂，徐斌大学时候没少受他的接济，因此，徐斌心里也一直把他当恩人看。

徐斌年底的时候有一个晋升的机会，只要能通过考试，徐斌就能升任部门经理，工资也会上涨很多。这段时间刚完成了一个新的项目，上司让徐斌先把手头的工作放一放，安心准备考试。徐斌花钱在培训学校报了个班，打算利用周末的时间好好学习，争取能抓住这个机会。

这天晚上，徐斌正在上课，口袋里的手机突然响了起来。徐斌小声地接起来，是孙超打来的。孙超说他在酒吧，有些醉了，和妻子吵架了，不想回家，让徐斌去接他，想去徐斌那住两天。挂了电话，徐斌只好抱歉地向老师请了假，直奔酒吧。

孙超在徐斌家一住就是半个多月，也不提回家的事。徐斌每天下班回家，孙超都会拉着他絮絮叨叨地说自己的婚姻，说自己创业的艰辛，说自己的抱负。以前徐斌很爱听他讲这些，每次与他交谈都能悟出很多道理。可是眼下，徐斌有更重要的事情要做，时间对自己来说很宝贵，他觉得自己非常需要安静的环境来认真学习。

孙超喜欢看球赛，每次在客厅看电视的时候，都会把声音开得很大。每到这时候，徐斌就很想上前劝他先回家去。可是一想到十多年的交情，想到孙超曾经对自己的帮助，徐斌又开不了口。无奈之下，徐斌只好告诉孙超，最近公司接了个项目，自己是负责人，有些忙，每天都要加班，然后一个人在办公室里备考。

有时候，当我们需要时间和空间静心做事，却总有些不请自来的“好聊”分子来扰乱我们的安排，这时候，我们的内心确实会烦恼不已。面对朋友，又不好拉下脸来，但如果经常这样委屈自己“舍命陪君子”，我们的时间就会被这样无情地浪费掉。遇到这样的情况，我们该怎么办呢？

最好的方法就是运用高超的语言技巧，将“逐客令”说得美妙动听，既不挫伤朋友的自尊心，又能让他理解我们的难处，知趣地离开。

一是以婉代直。我们可以用婉言柔语来提醒、暗示滔滔不绝的人，让他察觉到我们并没有多余的时间与他闲聊。比如，我们可以跟前来聊天的好友说：“今晚我有空，咱们可以畅谈一番，不过明天我就开始全力以赴地写职评小结了，争取这次能评上优秀。”这句话既能满足朋友当下的心理需要，又传递了这样的信息：“请你明天不要再来打搅我。”比起冷酷无情地直接拒绝，这种方法更容易让对方接受。

二是以疏代堵。喜欢闲聊的人，大多是想用嚼舌来消磨时间，对于这样的人，我们可以改用疏导法，支持他有计划地去完成一些事情，这样一来，他就无暇光顾我们这里了。

小罗的邻居李伯伯今年快六十岁了，从单位退休后成天没事可做，总喜欢和小罗聊天，每天都要来找他下两盘棋，否则夜里都睡不好觉。老人家很敏感，只要小罗稍微表现出一点的不耐烦，他就会很伤心。小罗只好顺着他，可是这么下去也不是办法。有一天，小罗上网的时候，看见市里近期要举办一个书法大赛，于是计上心来。

这天，李伯伯上门来和小罗下棋，小罗便趁机跟他说了这件事。

“李伯伯，您写得一手好字，这么多年的功底，不去参加大赛太可惜啦！”小罗恭维道。李伯伯大笑着说：“还真不是吹的，我这个可是练了几十年的！不过，好久没静下心来好好写啦，人老了就不中用啦！”小罗一看有戏，便继续说道：“没事，这离比赛还有一个多月呢！您好好练练，肯定没问题！”李伯伯一听也来了兴致，于是在小罗的帮助下报了名。

从那以后，李伯伯每天都会在家里练字，找小罗的时间明显少了，小罗也暗暗松了口气。后来，李伯伯在比赛中拿了第二名，认识了不少朋友，还组办了一个老年人书法俱乐部。这样一来，李伯伯每天都有忙不完的事，小罗再也不用担心被打扰了。

三是以热代冷。逐客不一定非要态度生硬，冷言冷语，你完全可以用热情的语言和周到的招待来让好聊者感觉不自在，让他今后不好意思多登门。实际上，过分的热情无异于冷待，这就是生活的辩证法。但以热代冷，既不失礼，又能达到“逐客”的目的，效果之好，不言自明。

四是以攻代守。以攻代守就是用主动出击的姿态堵住闲聊者的登门来访之路。我们可以先了解一下对方一般会在什么时候来我们家，然后在他来访前一刻钟去他家。这样，我们就由主人变成了客人，他则由客人变成了主人。如此一来，我们也就掌握了交谈时间的主动权。我们去的次数一多，他就会被我们“黏”在自己家里，本来打算去我们家的习惯也会被改变。

拒绝别人不是件容易的事，尤其当这个别人是与我们交情不错的朋友时，更是难以开口。面对“不速之客”，我们完全可以下达充满人情味的“逐客令”，这样既达到了拒绝的目的，又照顾了对方的面子，还不会伤害彼此之间的交情，可谓是一举多得。

对待朋友要理智避免冲动

与朋友相处，重情重义是好事，但是对待朋友一定要避免“哥们儿义气”。朋友有需要，伸手相帮是应该的，但也要讲究原则和方法，不该帮的就应该理智地加以拒绝，不能一味的意气用事。

现实生活中，不少人喜欢互相之间称兄道弟，醉心于“哥们儿义气”式的友谊，喜欢依照武侠小说中的“侠客”们建立起“拜把式”的朋友关系，并认为这样的关系才是真正的朋友，这样的现象在青少年中尤其流行。然而，没有正义和原则支撑的“哥们儿义气”是要不得的，有的人为了维护小团体的利益，不惜损害社会或他人的利益，对不是自己的“哥们儿”则不讲感情，不讲友谊，最终的结果必然是害人、害己、害社会。

一天中午，赵刚接到朋友打来的电话，朋友在电话里说，自己因为琐事与人发生了争吵，对方扬言要打人，让他赶紧找人来帮忙。出于哥们儿义气，赵刚二话没说就找了一帮“兄弟”赶到现场。没说两句，矛盾迅速升级，双方便大打出手。因为有人及时地报了警，事发后没多久民警便赶到现场制止了斗殴，并拘留了相关的人员。

所谓“哥们儿义气”，就是为了朋友抛弃原则的一种狭隘义气，说到底，就是你对我有恩，我对你有义；你给我好处，我给你报答，就是这么一种交换关系。

真正的友谊不是任朋友予取予求，对朋友有求必应，而是敢于在朋友做错事，误入歧途时，诚恳地指出来，并尽力帮助他改正错误。

贾山和大壮是邻居，从小一起长大，大学毕业后在同一座城市工作。平时没事的时候，哥儿俩常会一起出来吃顿饭，喝几瓶啤酒，聊聊天。最近，大壮发现贾山有些不对劲，好几次约他出来，都被拒绝了，不知道他成天在忙些什么。好不容易见个面，贾山也是开口向大壮借钱。

大壮不放心，便向贾山单位的一个同事打听，知道原委后，他气得不行。原来贾山最近迷上了赌博，经常夜不归宿，也不好好上班，已经被老板辞退了。贾山再来找大壮借钱的时候，大壮很果断地拒绝了，还苦口婆心地劝了一番，哪知，贾山根本听不进去，丢下一句“你算什么哥们儿，见死不救”就离开了。

没两天，贾山就出事了，因为还不起赌债，被人狠狠地揍了一顿。大壮去医院看他的时候，帮他付清了医药费，还给他带去了还债的钱。大壮对贾山说：“你要是不戒赌，我以后再不认你这个朋友！你想想你爸妈，一辈子辛苦难道就养出你这样一个不争气的赌鬼吗？”经过这些事，贾山也知道自己走了错路，大壮的坦诚和帮助更是让他感动。在大壮的帮助下，他找了一份稳定的工作，从此再也不跟赌博沾边儿了。

在这份友情中，大壮的拒绝，体现出了他对朋友的关心和重视。试想，如果大壮出于“哥们儿义气”不管不问，只要贾山开口借钱，就毫不犹豫地倾囊相助，贾山恐怕只会泥潭深陷，无法自拔。

真正的友谊不是“哥们儿义气”，更不是为朋友“两肋插刀”的江湖义气，而是给对方信心和希望，是在对方泥潭深陷的时候拉他一把，在对方沉溺幻想不能自拔的时候，及时地将他拉回现实。

对待朋友，不能讲“哥们儿义气”，越是要好的朋友，越是应该懂得拒绝，尤其是在他误入歧途的时候，更要避免意气用事，而应该理智地帮助他。拒绝“哥们儿义气”，只有这样，才能让友谊成为人生前进道路上的推动器，才能为朋友带来的温暖和希望。

不要让钱伤害感情

芸迪喜欢旅游，还写得一手好文章。最近她又写了一本游记，拿了一笔不错的稿费。她正想着要怎么花这笔钱的时候，好朋友小桐找到她，开口向她借一万元钱，说是要帮男朋友还债。

芸迪很为难，她和小桐是大学时候的好朋友，如果是小桐需要，她一定二话不说就帮忙，可小桐的男朋友好赌，又没有固定的工作，三天两头到处欠债，这钱要借出去就是打了水漂。芸迪想开口拒绝，可她刚拿了稿费，要怎么说才不会伤害到和小桐之间的友情呢？

生活中，谁也免不了遇到亲戚朋友开口找自己借钱的时候。遇到熟悉且有信誉的人，而我们又有能力帮助，借钱当然不成问题。但如果碰到自己没有相帮的能力，或是朋友的信誉度不高等情况时，我们就应该妥善地处理，巧妙地加以拒绝。

朋友向我们开口借钱时，我们不应该碍于情面随口应承，而应该首先想想自己有没有这个能力。就算有能力帮助，我们也应该考察一下朋友的信誉度，询问一下朋友借钱的原因和目的。

谁都会有急需用钱的时候，如果我们能在朋友遇到困难时伸出援助之手，朋友一定会对我们充满感激，“患难见真情”说的就是这个道理。但是，如果朋友的经济条件一直不好，我们借他的钱，他很可能还不上的时候，你就应该慎重考虑了。可以借钱给他，但是数额不要太大，至少应该保证如果他无法偿还，我们的正常生活不会受到影响。

如果朋友向我们借钱是为了投资，而我们对这项投资完全不懂的话，最好委婉地拒绝。毕竟风险太大，很可能是有借就没有还。

俗话说得好，“亲兄弟也要明算账”，借钱给朋友，如果数额较大，最好还是要求对方打一个欠条，或是签订一份借款合同。现实生活中，因为金钱诉诸法律的朋友并不少见。与其到时候无凭无据，反目成仇，还不如一开始的时候就说清楚，按法律规定的程序走。

对很多人来说，开口拒绝朋友的请求，确实很难，特别是当朋友开口借钱的时候。有不少人，碍于朋友之间的情分，碍于面子，对朋友总是有求必应。其实有时候，我们这样做，不是帮助朋友，反而是害了他。比如，朋友迷上了彩票，整天想着中大奖，把自己所有的积蓄都赔上了不算，还常常找你借钱。如果你不懂得拒绝，只会让他在泥潭里越陷越深。

所以，借钱给朋友，一方面要考虑到自己的能力和实际情况，另一方面还要衡量借钱的利弊，该拒绝的时候就应该果断地说“不”。下面介绍几种拒绝的技巧。

第一，据实以告，直接拒绝。假如遇到朋友借钱，而自己又实在无力帮忙的情况，我们不妨坦诚地向朋友说明客观情况，直接拒绝朋友的请求。当然，这些理由应该是对方也能认同的，这样不仅不会伤害彼此的感情，还能够获得对方的谅解。

第二，以攻为守，先发制人。这天，小柯找到小段，有些为难地说道：“小段啊，我想请你帮个忙！”小柯之前炒股亏了不少钱，所以他一开口，小段就知道一定是借钱的事儿。小段爽快地回答说：“行啊！咱哥儿俩谁跟谁啊！你的事就是我的事，我一定帮忙！”小柯一听高兴了，正打算开口，小段却继续说道：“只有一件事不行，我们家的经济大权都在你嫂子手里，我平时买包烟还得伸手向她要钱。除了借钱，啥事我都能帮忙！”小柯听到这，借钱的话也不好再说出口了。

如果我们在朋友开口之前就知道的目的，我们不妨在他开口之前，先将自己的“经济状况”亮个底。这样的做法，既可以有效地拒绝朋友的请求，又能避免让人觉得我们是在找借口。

第三，巧妙转移，迂回战术。不好正面拒绝时，我们可以采取迂回的战术。可以在交谈时，巧妙地转移话题，或是耐心听完对方的情况后，找理由委婉地表示拒绝。运用这种方法拒绝朋友时，要善于利用语气的转折。比如，先向对方表示同情，或给予赞美，然后再提出理由，加以拒绝。这样一来，对方也比较容易接受。

第四，一拖再拖，缓兵之计。“拖”指的是暂不给予答复，当对方提出要求时我们表示很愿意帮助他，但是出于某些客观原因，不得不再等一等才能予以答复。不管怎么样，“拖”是缓兵之计，对方可能会在此期间另想办法，我们也可以为自己找到合理的借口。另外，“拖”也是一种体面的借口，不伤害对方的面子，也容易为对方所接受。

借钱给朋友，应该理智，不仅要考虑自己的实际，还要考虑朋友的具体情况，该拒绝的时候，就应该巧妙地说“不”，否则很有可能因为钱的问题伤害到彼此之间的友谊。在拒绝朋友时，要注意语气和方法，不要伤害到朋友的自尊，要照顾到朋友的感受。

远离品质不好的朋友

塞万提斯有一句名言："看你的朋友，就可以知道你是什么样的人。"朋友是我们人生的一部分，对我们的一生有莫大的影响。从某种程度上，可以说，交上怎样的朋友，就会有怎样的命运。结下了真挚的友谊就好比为事业添加了"助推器"，所以，我们在选择朋友时，应该慎重，对于那些品质不良的人，我们应该尽量远离，拒绝与他们成为朋友。

有这样一个故事：一只虱子常年住在富人的床铺上，由于它吸血的动作缓慢轻柔，富人一直没有发现它。一天，跳蚤突然来拜访虱子。虱子对跳蚤的性情并不了解，对跳蚤的来访目的更是不闻不问，只是一味地表示欢迎。它还主动向跳蚤介绍说："这个富人的血是香甜的，床铺是柔软的，今晚你可以饱餐一顿啦！"说得跳蚤口水直流，巴不得天快黑下来。

晚上，富人刚一进入梦乡，跳蚤就迫不及待跳到他身上，狠狠地叮了一口。富人从梦中被咬醒，愤怒地令仆人搜查。伶俐的跳蚤很快跳走了，而慢慢腾腾的虱子却成了那个不速之客的替罪羊。可悲的是，虱子到死也不知道引起这场灾祸的根源。

这个故事告诉我们，如果交友不慎，结交了那些思想消极、品格低下、行为恶劣的人，我们就有可能因此陷入恶劣的环境中难以自拔，甚至受到"恶友"的连累，成为无辜受难的"虱子"。

因此，在选择朋友时，我们要努力与那些乐观积极、富于进取、品格高尚和有才能的人交往，只有这样，才能保证我们拥有一个良好的生存环境，获得丰富的精神食粮以及朋友的真诚帮助。这也正是孔子所说的"无友不如己者”的意思。

一个周末，小北正打算出门，突然门铃响了。他打开门一看，是很早之前认识的一个朋友，已经好多年没联系了。朋友见了小北，寒暄了两句，直接说明了来意，自己刚到这个城市，想在小北这借宿几天。按理说，小北不应该拒绝，可是，小北转念一想，已经很多年没见了，住在一起难免会有矛盾。于是，小北便谎称自己和女朋友住在一起，不方便，要是需要，他可以帮忙找旅馆。朋友听他这么说，很生气地走了。没两天，小北就听一个很要好的朋友说，那个朋友因为贩卖毒品被抓了，好像还要判死刑。小北一听，吓出一身冷汗，暗自庆幸，自己没有一时心软答应他的请求。

随着时间的推移，年龄的增长，生活环境和境遇的变化，每个人都会或多或少地发生一些改变。因此，对于那些很久没联系的朋友，再接触时，我们也应该小心谨慎，“防人之心不可无”，不要贸然答应他们的请托。

航海有时需要弃船，人生有时需要弃友，两者都是非常之举。如果你已经交上了坏朋友，或是发现以前的朋友道德品行变坏了，就要敬而远之，最好的方法就是放弃这段友谊，拒绝和其继续做朋友。要知道：把一只烂苹果留在筐里，会使一筐的苹果都腐烂掉。

商界有一句名言：“和狼生活在一起，你只能学会号叫；和优秀的人在一起，你就会受到良好的影响，耳濡目染，潜移默化，最终成为一名优秀的人。”在人际交往中，我们要用心选择朋友，拒绝与那些思想消极、品格低下的人成为朋友，远离那些可能会带坏我们的朋友。不仅如此，我们还应该尽量去结交那些比自己优秀的人，努力向他们看齐，以不断提高自己的能力和品德修养。

一个成功的人，很大程度上有赖于比自己优秀的朋友的帮助，所以，我们在交友的时候，一定要慎重选择。要多结交那些优秀的朋友，拒绝与那些思想消极、品行低下、道德败坏的人交朋友，只有这样，我们才能感受到真正的友谊，也才能在朋友的熏陶和帮助下，变得更优秀、更成功。

理智对待朋友的好意

“赵芸，我买了一张防毒软件光盘，你要不要安装？是最新版的哦！”这天，冯姝兴冲冲地对赵芸说。

赵芸的电脑一直以来都是用最初安装的杀毒软件，虽然是免费的，不过也没出过什么问题，所以冯姝提议帮她安装的时候，她也没什么兴趣。可是想到好朋友的好意，赵芸也不好回绝，便让她帮忙装了。

这本是件小事，可没想到冯姝的电脑技术不过关，安装新版杀毒软件时，忘了把旧版的卸载，结果导致两个程序冲突，一个也用不了了。最糟糕的是，不知道哪里出了问题，赵芸的电脑一下子黑屏了，最后连开机都开不了。

好朋友之间互相帮忙是好事，冯姝想和赵芸一起分享新版的杀毒软件也是出于好意，可是如果赵芸能在刚开始的时候，就笑着说上一句：“谢啦！不过我用这个挺顺手的，换了反而不习惯了！下次想换的时候再找你借吧！”自然也就不会有后面这一连串的麻烦和尴尬了。

我们常说，对于朋友的请托，办不到或违背原则的，一定要开口拒绝，但我们常常会忽略一个问题，对于朋友的好意，有时候也应该善于开口说“不”。有时候拒绝朋友不是一件坏事，可以避免一些不必要的麻烦和尴尬。

小何和小姜原本是很好的朋友，就是因为小姜不懂得拒绝朋友的好意而引出了一些误会，两个人之间的友谊也因此受到了影响。

大学时候，小何曾把自己的表妹介绍给小姜。那时候，小姜刚和女友分手，情绪有些低落。他见过小何的表妹，很清楚并不是自己喜欢的类型，可是想到小何的一片好心，他便没有拒绝，想着多个朋友也不错。

不想，小姑娘一见到他就挺喜欢的，小何也很高兴，不断地在中间撮合。好几次，小姜都想向小何解释，却始终没能开口。一晃半年过去了，小姜的前女友找到他，提出了复合的想法，小姜心里也还喜欢她，就同意了。小何知道这件事后，很生气，认为小姜不仅辜负了自己的好意，更是一直在玩弄自己表妹的感情，再也不愿意跟他来往了。

小姜在最开始的时候，就知道小何的表妹并不适合自己，也知道小何的心意，他就应该在第一时间表示拒绝，说明自己的情况。说清楚以后再接触，就不会出现后面的尴尬和误会了。

美淑大学毕业后，换过好几份工作，但一直没有离开过服装行业。因为刚买了房子，每个月都需要还房贷，所以，美淑打算辞职，找一份薪水更高的工作。好朋友小玲听说后，很支持她的想法，还帮着她到处打听。

没两天，美淑就接到小玲打来的电话，小玲告诉她，一个朋友的公司最近正好缺人手，是做化妆品的，待遇很好。因为小玲的关系，美淑可以不用参加笔试，直接去找经理参加一个简单的面试，如果双方都满意，就可以直接上班了。

可是美淑却犹豫了，她很喜欢服装这个行业，正是因为这个原因，她才会无论怎么换工作，都不愿意转行。如果接受小玲的好意，就意味着要离开自己喜欢的行业，在服装行业，她因为有着 5 年的工作经验，也算是一个人才，要是换行，她就只是一个新人，一切都要从头学起。这样一来，自己这些年的坚持不就白费了吗？

美淑想了很久，决定拒绝小玲的好意。她先和小玲讨论了转行的问题，然后再转到自己身上，说起了自己的犹豫和困惑。小玲听后，觉得她说得很有道理，还给了她不少建议。最后，是小玲出面谢绝了经理的好意，而美淑也如愿以偿地当上了一家服装公司的营销总监。两个人的关系不仅没有因为美淑的拒绝而受到影响，反而更加亲近了。

当我们觉得朋友的好意并不适合我们时，就应该及时拒绝，这样不仅可以避免不必要的误会，也是对朋友的一种尊重。拒绝朋友的好意时，应该尽量委婉。在拒绝前，应该衷心感谢对方的好意，然后再耐心解释自己不能接受的原因。只要我们注意方式方法，注意语气和措辞，就不会让对方感到失望和难堪。

第四章
让家人习惯我们的边界

家庭是一个人成长与发展的温床，亲戚是我们生命中重要的一环。然而，有时亲戚的过度干涉和道德绑架行为常常令人不胜其烦。个人在进行重大决策时，需要充分考虑自身的意愿和能力以及环境的适应性，而不是盲从他人的意见。当他们将自己的期望和意见强加于个人身上时，个人很可能面临着内心的挣扎和焦虑。拒绝亲戚的道德绑架并不是一件容易的事情。在面对这种情况时，我们可以采取一些策略来应对。首先，我们可以表达自己的立场和意愿，与亲戚们进行积极的沟通，使他们了解我们的观点和需求。

如何应对家庭“冷暴力”

说起家庭暴力，有一种家庭暴力已越来越引起人们的重视，那就是摧残精神和心灵的“冷暴力”行为。其主要表现为：夫妻双方在产生矛盾时，对对方漠不关心，将语言交流降到最低限度，停止或敷衍性生活，懒于做家务事等。

在家庭矛盾爆发时，夫妻双方选择“冷暴力”，企图以无声对抗有声，用沉默表示不满，事实上这种选择对解决问题于事无补。交流，可以说是夫妻生活中一个永恒的话题，也是家庭生活的精髓。夫妻之间若没有了语言交流，就像两个凑巧站在一个电梯里的陌生人一样，总会有走不下去的一天。

“我的爸爸妈妈从来没有一起到学校接我放学，也没有一起带我出去玩过。家里三个人很少在一起，就是坐在一起吃饭，他们也很少说话。”这不是一篇日记，而是一个 10 岁的男孩在父母离婚时为法庭出具的证言。

男孩的爸爸是一家大型医院的医生，妈妈是公务员。夫妻两人通过自由恋爱结婚，刚结婚那两年，夫妻感情很好，婚姻很幸福。儿子出生后，婆婆便从农村来到城里，帮忙照管。妻子和婆婆的关系一直不好，总有矛盾。在一次吵架后，婆婆一气之下回了农村。这件事之后，丈夫就再也不和妻子说话了，这样一过就是 10 年。

法庭上，妻子伤心地说：“精神上的折磨比动手打架更让人痛苦，原来想为了孩子不离婚，但再这样下去我非疯了不可。”与此同时，孩子的爸爸也很痛苦："开始的时候，我也觉得难受，时间长了也就习惯了，再加上每天工作压力大，下了班就累得什么话也不想说了。"

"冷暴力"对夫妻感情的伤害丝毫不亚于身体创伤。"冷暴力"是精神折磨，比起家庭暴力所造成的身体创伤，其所造成的心灵伤害更不容易愈合。家庭"冷暴力"作为一种隐性的暴力形式，给彼此带来的伤害比显性暴力更大，严重的甚至还会造成精神隐疾。

有些专家认为："爱的反面不是恨，而是冷漠。""冷暴力"是一种精神暴力，它消耗的不仅是我们对对方的爱，还包括我们爱人的能力。凡事都是"用进废退"，一个人如果长期处于一种无爱的生活环境，自己就会逐渐变得冷漠，不只对配偶，还包括对家人、同事和朋友，甚至自身。"冷暴力"不仅会使我们丧失改善婚姻质量的信心，还有可能打击其改善事业及其他人际关系的积极性。

美满的婚姻不仅要有良好的感情基础、婚后彼此的忠诚，夫妻双方还要学习一门重要的功课，就是正确处理彼此间的冲突。家庭"冷暴力"是应对婚姻冲突的下下策，要想尽快化解矛盾，把对彼此的伤害降到最小，首先就应该学会拒绝家庭"冷暴力"。

那么，当婚姻遭遇"冷暴力"，我们又该如何应对呢？

一要保持冷静。如果发现我们的配偶开始出现"冷暴力"的倾向，我们要提醒自己，千万不要大吵大闹，因为那样只会适得其反。我们要保持清醒的头脑，冷静面对，可以深呼吸或做一些其他的肢体动作放松来缓解自己的情绪，或者我们可以暂时远离"战场"，不管我们采用什么样的方式，最终的目的都只有一个——不接对方的"冷战牌"。只有这样，我们才能够平静地理智地分析彼此之间的矛盾所在。

二要学会分析问题。分析问题是解决问题的关键。如果对方选择"冷暴力"，那么从对方的口中知道事情的始末恐怕并不容易。你可以试试这样的方法：把你们生活中有可能激发对方“冷暴力”的问题一一列出，然后把无关的因素也列出来，同时把配偶的性格特点也写出来，再结合最近发生的事，分析到底是什么原因刺激对方实施“冷暴力”。

三要主动交谈。当我们准备好平静的心情和分析好所有的原因后，就应该主动提出谈话，因为总要有一方主动，彼此之间的僵局才会被打破。谈话最好在没有第三者的场合下进行，要开诚布公，把一切有可能的问题都摆在桌面上，并把自己的想法告诉对方，鼓励对方同样开诚布公地与你交谈，再用我们客观、诚恳的态度打动他。

四要主动抉择。是和是散，在你进行分析的时候就应该有个决定了，当你们谈话之后，你就更应该知道怎么选择。从心理感受来讲，你主动选择要比你被动接受选择好很多，尤其是由于对方造成的问题，如果你主动原谅更能表现出你的宽容和大度，如果你主动分手也可以有更多的回旋余地。

五是暂时小别。如果对方拒绝和你沟通交谈，真是打算长期和你“冷战”的话，你或许可以考虑暂时地出差或是短暂地分开一段时间，给对方冷静的时间。但要记住，分开的时间别超过一个月，你回到家后，也千万别分居。分开不是最终的目的，只是一种方法和手段，是为了幸福长久的婚姻关系，这个初衷不应该被改变。

冷暴力就像埋藏在夫妻身边的一颗“定时炸弹”，如果不能及时发现并排除，就会有随时引爆的危险，后果将不堪设想。只有敢于对家庭“冷暴力”说“不”，正视矛盾，及时有效地进行交流和沟通，才能更好地化解矛盾，拥有幸福美满的婚姻。

妯娌之间谈论的话题要把握分寸

有人说："亲兄弟，仇妯娌。"这话并不正确，但确实说明，在家庭关系中，妯娌之间的矛盾，必然要反映到兄弟关系和家庭关系中。因此，妯娌之间建立融洽关系，会有助于处理好兄弟关系以及整个家庭关系。

那么，为什么妯娌关系最容易紧张，最难相处呢？其实，归纳起来，主要有以下两个方面的原因。

第一，互不了解，互有猜疑。由于妯娌不像兄弟姐妹那样从小生活在一起，感情基础并不深厚，也不像兄弟姐妹那样互相了解彼此的脾气、爱好、生活习惯，容易抱有戒心，产生猜疑。加之她们主持家务多，互相接触多，容易发生矛盾，产生摩擦。

第二，自私心理重，遇事爱计较。在一些大家庭里，有的媳妇，一迈进婆家的大门，首先想到的不是如何维持和发展这个大家庭，而是想如何早一点分家另过。于是，兄弟妯娌之间斤斤计较，公用东西不多办，食用东西不多买，能抠就抠，能拿就拿，光想占"大家"的便宜。有的妯娌唯恐自己吃亏、受气，处处事事都想占上风、一点都不肯让步。经常你嫌她干得少，她嫌你出钱不多；你说婆婆心眼偏，她说公公心眼偏；你骂她孩子缺教养，她骂你孩子缺根弦。一桩小事，就能吵个没完。甚至指桑骂槐，顶嘴吵架。互相之间矛盾套矛盾，变成了死疙瘩，最后确实无法生活在一起，只好分家。

了解了问题的所在，就应该想办法对症下药，解决问题。妯娌之间，贵在谦让。为了防止出现紧张状态，妯娌之间要将心比心，互相体谅，互相照顾，不搬弄是非，要多做善事，多为对方着想。

妯娌之间加深了解的一个重要途径就是交流和沟通。在彼此交流的过程中，不能口无遮拦、无所顾忌，有些敏感话题，能不谈就不谈，否则有可能给我们带来不必要的麻烦。具体来说，妯娌相处时，最好拒绝谈论下面这些问题，如果对方有意无意地说起，也应该巧妙地加以回避。

一是不谈论公婆家事。有的妯娌在一起，最爱谈论的话题便是公婆处理家事中的所作所为，以及对自己家怎样或不怎样。这样一来，必有一方沾沾自喜，趾高气扬，而另一方胸中憋气，暗暗记恨，无形中反而引起了矛盾。公婆做事有没有道理，他们的道理对不对，妯娌之间还是少谈为好。

二是不谈论自家贫富。俗话说："家家有本难念的经，各家的事各家清。"自家有钱没钱，自己知道就行，许多妯娌间聊天不是炫耀就是哭穷，以致造成不必要的误会。反正不在一口锅里吃饭，经济账最好回家自己算，免得谈出误会，影响了妯娌关系。

三是不谈论娘家背景。妯娌们到一起，一不留神便会把自己娘家搬出。什么爹当官来娘威风，七姑八姨有神通，言下之意娘家没弱人，这无疑显出了一种优越感和对别人的挑衅。所以，避开娘家的背景而不谈，是妯娌间谈论话题时的明智选择。

四是不谈论儿女优缺点。自己的孩子怎么看怎么好，怎么看怎么亲，而对别人的孩子就不一样了。所以，妯娌之间最好少提或不提儿女如何，谁家孩子好坏谁家清楚，大家也清楚，与其谈论招事，不如心照不宣。

妯娌之间，贵在谦让，要多沟通，多了解。但是，在妯娌联络感情时，有一些话题我们应该学会拒绝，懂得巧妙地加以回避，以免引起不必要的麻烦和误会。只要能多些关心和理解，少些猜疑和挑剔，妯娌之间就能和睦相处，友好相待。

巧借他人的力量

一直以来，婆媳关系都是家庭中最敏感，也是最难处理的关系。有心理专家认为，在影响婚姻幸福及家庭和睦的诸多因素里，婆媳关系成为仅次于婚外恋的破坏夫妻感情的“杀手”。还有人将婆媳不和戏称为影响婚姻质量的“恶性肿瘤”，是导致家庭内战的一大诱因。可见，从某种程度上看，处理好婆媳关系，就等于有了一个幸福的婚姻和一个和谐美满的家庭。

不少家庭中，婆媳关系不和，主要是因为婆媳之间缺乏沟通，彼此不了解，少了几分忍让和宽容，多了几分唠叨和挑剔。然而，还有这样一种情况：媳妇和婆婆之间关系很好，婆婆很关心媳妇，但是，关心的方式不对，媳妇不得不拒绝婆婆的好意。这种情况是媳妇最头疼的，因为稍微处理不好，就会伤到婆婆，甚至影响到家庭关系。

雨荷和丈夫结婚后，一直和公公婆婆住在一起。雨荷脾气好，又勤快孝顺，与二老的关系都很好，一家人和和睦睦的，邻里都羡慕不已。婚后一年多，雨荷检查出怀了身孕，一家人都很高兴。

怀孕后，婆婆对雨荷更是关心了，不仅每天都对她嘘寒问暖，而且还包揽了所有的家务。雨荷的爸爸妈妈都患有严重的高血压，外公和外婆都是因为高血压引发中风过世的。因为担心自己的身体状况，所以一直以来，雨荷的饮食都很清淡，婆婆也知道其中的缘由。

可是，自从怀孕后，婆婆每天都会给雨荷做各种高脂肪的食物，猪蹄汤、鱼汤更是每天的必备品。雨荷和婆婆解释过几次，说得多了，婆婆就不乐意了："我这也是为你们好，你现在可不是一个人，肚子里还有一个呢！要是不吃这些，孩子怎么能健康呢？"雨荷也知道婆婆是好意，但上一次产检的时候，医生已经告诉她，她的血压有些偏高了，要她多注意饮食。孕妇血压高，不仅对孕妇不好，对孩子也会有伤害，所以，雨荷也很着急。

雨荷和丈夫商量后，决定下次产检的时候，让婆婆陪她去。雨荷提前给医生打了电话，希望他能帮助自己说服婆婆。产检那天，婆婆不停地询问医生孩子的发育情况，医生也逐一回答。临走前，医生对婆婆说："胎儿的发育情况还不错，不过孕妇的血压有些偏高，这个一定要注意。如果不能很好地控制，可能会给孕妇和孩子都带来不利的影响。平时生活中，一定要注意饮食，尽量少吃高蛋白、高脂肪的食物……"婆婆一听对孩子会有影响，着急了，一个劲地追问医生，会有什么影响，应该怎样避免和改善，边听还边用笔记下来。

出了医院后，婆婆对雨荷说："原来，孕妇血压高这么危险啊！我以前都不知道。以后咱们可得多注意饮食，早知道就不该逼着你吃那些高蛋白的东西……"雨荷一听松了口气，挽着婆婆的手说："妈也是为我好，再说那时候不是也不知道嘛，以后多注意就行了！"

就这样，雨荷借助医生的力量，成功拒绝了婆婆的好意，不仅没有伤害婆婆，反而让婆媳之间的关系更近了一步。可见，拒绝的话不一定非要从自己的嘴里说出来才有效果，拒绝婆婆的好意时，要善于"借人"，特别是要充分发挥丈夫的中间作用。

徐婉的婆婆是大学教授，人很开明，儿子四岁以前，因为不住在一起，所以她和婆婆之间从没有闹过矛盾。儿子四岁那年，婆婆退休了，便过来帮他们带孩子。平时都没什么事儿，但只要一涉及教育孩子的问题，两个人之间总会闹些不愉快。最让徐婉为难的一点，就是每次她教育儿子的时候，婆婆总喜欢插手，要不就是觉得她话说得太重了，要不就是觉得不应该打孩子。徐婉知道婆婆并不是故意指责她，可是，婆婆的溺爱让儿子变得更加骄纵，一点也不怕徐婉，闯了祸就朝奶奶怀里钻。

有一次，因为没有做儿子喜欢吃的油焖大虾，儿子便赌气不吃饭，最后甚至把碗摔在地上，饭菜撒了一地。徐婉生气极了，对儿子说："你不吃，那晚饭也不让你吃了！"儿子没有一点认错的样子，瞪着眼对她说："不吃就不吃！"徐婉把儿子关在房间里，让他好好想想自己错在哪里。临上班前，她跟丈夫和婆婆都打过招呼了，她下班回家之前，不能把儿子放出来，也不能给他东西吃。

徐婉刚走，婆婆就想把孙子放出来吃饭，却被自己的儿子拦住了："妈，这小子是应该管管了，都无法无天了。徐婉学教育的，管孩子有她的一套，她有分寸，您就别管了！"婆婆一听不高兴了，正想发作，儿子拿出一本亲子教育的书给她，指着其中的一条对她说："妈，你看，专家都说了，教育孩子时，家长的态度要一致，这样才有利于孩子的成长。徐婉也知道你心疼孙子，但该管的时候还是得管。咱们先看看效果，不行再想办法。"婆婆没说话，而是拿起面前的书仔细地翻看起来。

晚上，徐婉把儿子叫到面前，儿子不等她开口，就低着头认错："妈妈，我不该浪费粮食，我错了！我下次再也不这样了！"自那天以后，儿子吃饭的时候乖巧多了，挑食的毛病也改了不少。婆婆也是从事教育工作的，知道徐婉的理念和方法才是正确的，徐婉再管孩子的时候，婆婆也就不再插手了，有时候还会在旁边帮上一两句。

有人说，婆媳之间的战争，受苦的永远是男人。其实，只要肯用心，善于借助丈夫的力量，丈夫完全可以从"夹心饼干"变成婆媳关系的"调和剂"，成为拒绝婆婆"不恰当"好意的最有力的帮手。

婆婆的好意有时候也得拒绝，但拒绝的时候一定要注意态度和方法，要尊重婆婆，并真心地对婆婆表示感谢，耐心地解释拒绝的原因。拒绝婆婆的好意时，要善于借用他人的力量，特别是要充分发挥丈夫的“中介”作用。

远离“唠叨”有方法

说起唠叨，所有人最先想到的都是女人。即使在电视剧里看到那些很唠叨的男人，也是被塑造得非常有女人个性“很婆妈”的男人。爱唠叨是女人的天性，但并不是只有女人才爱唠叨，其实，有时候男人唠叨起来比之女人毫不逊色。

卡耐基曾说过：“唠叨是爱情的坟墓。”在不少的家庭中，“唠叨”已经成了不少夫妻间的常见病，并成为夫妻关系的一大杀手。要想让夫妻感情和睦，家庭幸福，就要拔掉“唠叨”这根芒刺。

拒绝唠叨，有两个方面的内容：一是要学会恰当地表达自己的需要、要求和不满，而不要让自己变成一个令人生厌的喋喋不休的“唠叨鬼”；二是面对喜欢唠叨的家人，不要不闻不问，更不要与之争吵理论，而是要在理解的基础上，学会倾听，对症下药地帮助家人改掉唠叨的坏毛病，并改变彼此之间的交流方式，以更好地进行沟通。

具体来说，可以从以下几个方面来努力。

一是明确提要求。这天晚上，妻子做饭的时候，发现厨房天花板上的灯泡坏了，便提醒丈夫说：“厨房的灯泡坏了。”结果第二天晚上，妻子回到家发现厨房的灯泡还是坏的，生气极了。她对丈夫发火道：“你为什么不换灯泡？”丈夫一脸无辜地看着妻子：“你没叫我换啊，我以为你会换。”

生活中，经常会发生这样的事。一件事情，妻子说了很多遍，可是丈夫却毫无反应。其实，这并不能全怪丈夫，男人的思维和女人的不同，男人做任何事情，目的性都很强，喜欢直截了当。所以，如果妻子需要丈夫做事，最好明确提出自己的要求，多余的话说得越少越好。

正如婚姻学家梅洛迪·洛曼所说："女人若不提明确要求，男人就可能误解或忽略她的需要。你可以直接告诉他'我遇到个麻烦事，需要你帮忙'，这样丈夫明白你不是责怪他，就会更乐意按你的吩咐办事。这样以后，你再来解释具体的问题和要求，效果就会好得多。"

二是合理安排优先事项。唠叨的起因，常常是一方提出的问题总是没能得到解决。有的时候，不是对方不放在心上，而是因为你没能合理安排优先事项，在不适当的时间、场合提出了自己请求。

比如，妻子早上在浴室的洗手池边梳头时，总有些长头发梳落在池子里。"你会把排水口堵塞的。"丈夫告诫道，"一定得清刷干净。"妻子匆忙梳妆完毕要去上班，还要帮孩子收拾好去上学，便把这话忘了。生气的丈夫为此喋喋不休地数落她邋遢，妻子觉得很委屈，从她的角度来看这字眼既伤人又不公平。

凡事都要分清轻重缓急，只有这样才能更有效地解决问题。

三是不要责怪。一对新婚夫妇合用一个活期存款户头。丈夫是一名簿记员，有良好的职业习惯，每次开支票用钱都要记账，但妻子却很少记账。每当银行寄来透支单时，丈夫就唠唠叨叨地责怪她。每次妻子都保证下次一定记账，但到月底，银行结单仍是透支，两人又开始重复老一套。

许多夫妻都会陷入这种无赢家争论的模式中。责怪不仅解决不了问题，还会让被责怪的一方感到生气和不满，甚至生出一种对抗心理。所以，与其责怪，不如静下心来，商量解决问题的办法。

四是要抓住问题焦点。夫妻之间的争吵，常常会因为抓不住问题的焦点，而把问题无限地放大。喜欢唠叨的夫妻也是这样，心里明明想着一件事，说着说着却偏离了主题，甚至到最后，连自己都不知道最初想要解决的是什么问题。唠叨会导致一种恶性循环，使争执焦点从本来的问题转向唠叨本身。因此，在讨论问题时，一定要抓住问题的焦点。

比如，妻子在丈夫出门时叮嘱："我今晚要做一桌风味独特的晚餐，你务必7点钟赶回家。"结果，丈夫直到晚8点钟，才神态悠然地迈进家门。妻子质问道："你就不能不迟到吗？"丈夫也不甘示弱地回嘴："你就不能不唠叨吗？"如果这时候，妻子抓不住问题的焦点，谈话偏离了主题不算，还可能会引发一场莫名其妙的家庭大战。

这时候，妻子可以这么说："这不是谈唠叨问题，是谈迟到问题。我们该怎么解决它？"这样一来，就把焦点对准了丈夫的迟到，接下来丈夫可能就会解释自己为什么会迟到，这样，谈话才真正有意义。

所以，夫妻在交谈时，一定要记住，解决问题的要点是沟通，是进行一场对话，而不是夫妻两人轮番独白。

五是注意语气。要远离唠叨，除了要一针见血地指出问题，还需要对方能配合并及时行动。要想让对方心甘情愿地去实践你说的话，你就要注意自己说话的语气，要学会提请求，而不是命令，不要用威胁或恼怒口吻，尽量少用"不许""不该"等否定词，而应多说"请""谢谢"等词汇，这不是客套，是对对方最起码的尊重和感恩。

六是多说对方的优点。不少人习惯把配偶和孩子看成自己的附属部分，当他们不能达到自己的某些要求和标准时，他们就容易产生挫折感。但需要明白的是，配偶和孩子都是独立的个体，他们的许多方面都是既无法控制也不应控制的。要学会把焦点从对方的缺点转向优点，多说说对方身上那些让你喜爱的品行和习惯，这样一来，他就更愿意在这些方面锦上添花，并不断地改善身上那些不尽如人意的缺点了。

有人说："抱怨和唠叨对爱情有着致命的杀伤力，它永远不会失败，就像眼镜蛇咬人一样，总是具有破坏性，总是置人于死地。”唠叨不利于家庭的和谐，因此，我们不仅要拒绝让自己成为一个唠叨的人，还要正确对待家人的唠叨，并积极配合，以帮助他们改掉喜欢唠叨的坏习惯，为家庭生活找到更有效的沟通方式。

夫妻之间猜疑是大忌

古人云："人之相知，贵在知心。"夫妻之间更需加强了解以求心心相印，拒绝猜疑的发生。各自为政、互不干涉的原则必定会导致婚姻的破裂，然而，把配偶看作自己的私有财产，干涉对方的社交活动和限制对方的行动，也不是明智的选择。

婚姻生活中，有的人疑心太重，一些小小的风吹草动都能让他的情绪和理智走到崩溃的边缘。就像一位文人所说："见一封信，疑心是情书了；闻一声笑，以为是怀春了；只要男人来访，就是情夫；为什么上公园呢？肯定是密约。"如果你总是以这样的一种心态来和伴侣相处，迟早会让对方感到窒息。

猜疑是人性的弱点之一，历来是害人害己的祸根，猜疑会让人变得敏感甚至神经质，影响到人们对事物客观正确的判断。如果说信任是夫妻之间爱情的基础，那么猜疑便是爱情的蛀虫。外国有句俗话，叫作"疑来爱则去"，深刻地揭示了猜疑的危害。著名的文学家莎士比亚在名著《奥赛罗》中就叙述了一个因猜疑造成的悲剧。

国王的女儿苔丝德蒙娜冲破家庭和社会的阻力，同奥赛罗这样一个出身卑微、肤色黝黑的将军结了婚。婚后的生活十分美满。然而，奥赛罗部下的一个军官尼亚古出于卑鄙自私的目的，编造谣言，制造陷阱，挑拨他们的夫妻关系。尼亚古的诡计成功了，奥赛罗对忠诚纯洁的妻子产生了猜疑之心，最终竟在一个漆黑的夜晚，用被子将苔丝德蒙娜活活闷死了。后来，奥赛罗知道了事情的真相，追悔莫及，自刎于妻子的脚下。

现实生活中，夫妻之间因为相互猜疑导致婚姻破裂的不在少数。夫妻两个人不可能每时每刻都在一起，都会有彼此独立的社会活动和心事，要想巩固感情，除了经常进行感情交流，增加互相了解外，还需要打下互相信任的基础。轻易怀疑对方，势必造成夫妻间的隔阂，严重的甚至还会造成夫妻感情的破裂。

晓晴与丈夫是经人介绍认识的，相处了一年多后，步入了婚姻的殿堂。因为彼此都深爱着对方，两人婚后一直过着幸福的生活。可是渐渐地，晓晴发现，丈夫越来越不信任她，经常无端地猜疑她。只要是异性，不管是丈夫熟悉的还是陌生的，一旦晓晴和对方说话的时间过长，丈夫就挑她的刺，跟她吵架，每次都需要她再三地解释才能释怀。

自从有了女儿后，丈夫的猜疑心更重了，他甚至要求晓晴回家后，把每天的工作和生活向他汇报一遍，内容包括：和哪个男的接触过，说过什么话，什么时间，什么地点，说话的缘由等。丈夫的猜疑让晓晴很伤心，觉得这样的婚姻生活很累。尽管丈夫每次都会向晓晴道歉，但丈夫的猜疑并没有减少，反而变本加厉。一次，晓晴应酬完后，搭了一男同事的顺风车回家，恰好被丈夫碰见。结果回家后，丈夫越想越生气，竟然因此打了她。晓晴难过极了，心也冷了，终于向丈夫提出了离婚。

可见，猜疑是夫妻关系的大敌，是感情破裂的一大隐患。要想拥有幸福美满的婚姻，就要坚决拒绝猜疑的产生。

夫妻是最亲密的人，但也是彼此独立的个体，我们不应该把配偶当成自己的附属物和私有财产，否则难免就会听见风就是雨，这样必然会疑心生暗鬼，让双方都痛苦，进而严重影响到婚姻的和谐。

婚姻是需要经营的，要拒绝猜疑，夫妻之间不仅要多进行及时有效的交流和沟通，用坦诚驱散猜疑，更要彼此关心，相互理解。只有相知才能知心，只有知心才能信任。生活中遇到怀疑的事，也不要过早地下结论，而要客观、理智地分析，只有这样才能了解真相。

幸福美满的婚姻，就像一部悦耳动听的交响曲，夫妻间的相互信任，就是其中最华美的乐章，没有“信任”这个主题，婚姻这部交响曲就会黯然失色，甚至有可能无法继续演奏下去。夫妻之间要拒绝猜疑，彼此尊重，互相信任，用心地去经营，以此谱出最动人的乐章。

学会对孩子的过分要求说不

妈妈带 5 岁的女儿妞妞到商场购物，走到三层的玩具商城时，各式各样的玩具让妞妞挪不开腿。妞妞拉着妈妈的手臂，说道："妈妈，我想去看看！"经不住她的纠缠，在她再三保证不买玩具的前提下，妈妈带着她走进了玩具城。

明明说得好好的，可是当妞妞看到一款新出的芭比娃娃时，就非要妈妈帮忙买下来，妈妈不答应，她就赖在柜台前不走。妈妈对她说："你已经有好几个芭比娃娃了，这个先不买了。再说，妈妈今天的钱也没带够，咱们改天再来买！"听了妈妈的话，妞妞不仅不答应，还大嚷大叫，妈妈呵斥了她两句，她就大声地哭了起来。妞妞的哭声吸引了不少人的注意，妈妈没办法，只好妥协了，给她买了那个娃娃。

这样的情况相信每一位家长都遇到过。父母都希望自己的孩子能健康快乐地成长，所以，总会尽自己所能地满足孩子的愿望和要求。然而，如果对孩子有求必应，孩子的欲求就会越来越多，今天要这个，明天要那个，只要是看着顺眼的，他们都想占为己有，而不管这个东西对自己有没有用，父母能不能购买得起。总有一天，孩子的要求会让父母完全无法招架。

很多的父母也曾尝试着拒绝孩子，但是，一旦孩子开始撒娇、哭闹，他们又开始心软，违心地满足了孩子的要求。父母这样做，只会让孩子形成"只要我一哭，父母就都听我的"的印象，让孩子养成任性的坏毛病。正如苏霍姆林斯基所说："如果孩子在实际生活中确认，他的任性要求都能得到满足，他的不听话并未招致任何不愉快的后果，那么他就会渐渐习惯于顽皮、任性、捣乱、不听话，之后就慢慢认为这是理所当然的。”

孩子年龄小、经验少，往往无法分清是非，无法判断行为的合理性，加上孩子的自我控制能力较差，有时候明知是错的，却很难控制自己。为了帮助孩子更好地成长，父母就不应该对孩子有求必应，而要学会巧妙地拒绝孩子不合理的要求。

父母在拒绝孩子不合理的要求时，要注意以下几个方面。

一是倾听孩子的理由。家长不能为了拒绝而拒绝，当孩子提出要求时，父母应该亲切、耐心地询问孩子为什么要提出这样的要求，耐心地倾听有助于父母作出正确的判断。

二是拒绝孩子时态度一定要坚决。在确定孩子的要求为不合理要求时，必须予以拒绝，不论孩子如何哭闹都要坚持原则，不能因心疼孩子哭闹而妥协。否则，孩子一旦有通过哭闹的方式达到目的的经验，就会养成习惯，拿哭闹当作要挟家长的手段。最好在孩子第一次这样做时就坚持不妥协，使孩子明白哭闹也无济于事。

三是拒绝理由一定要充分。父母拒绝孩子后，一定要向孩子说明理由，而且理由一定要充分。父母要让孩子明白，之所以拒绝他，是因为他的要求是不合理的，而不是父母不愿意满足他。比如，孩子感冒了，却还嚷着要吃雪糕时，父母就应该坚决地对孩子说："你现在不可以吃雪糕，因为你感冒了，再吃雪糕你一会儿就又要难受了。"

四是要控制好自己的情绪。当孩子宣泄负面情绪时，孩子的哭闹很容易使家长失去理性，情绪失控。这样的情形下家长往往会对孩子进行语言和行为上的攻击。事实上，这样做除了令孩子感觉恐惧之外，不会有任何的积极意义。因为，家长的过激情绪会导致孩子过度关注家长的情绪变化，而忽视了对事情本身的分析和判断。这样做，除了给孩子带来心理伤害，影响亲子之间的关系外，也违背了以拒绝的方式帮助孩子健康成长的目的。

五是家长的态度要一致。很多家长在教育孩子时喜欢一人唱红脸，一人唱白脸，其实这样的做法对孩子的成长是极为不利的。为了保持对孩子的教育一致性，家庭成员之间平日要加强沟通，针对孩子的一些问题进行讨论，最后达成一致的意见，在出现问题时以便保持一致。只有这样做才能帮助孩子建立明确的是非观，才有助于孩子学会遵守规则。

六是提出一些合理建议。拒绝孩子的要求之后，家长可以根据实际情况，给孩子提出一些合理化建议。不能只单纯拒绝后，便不管不问，拒绝孩子是使孩子得到一次成长的机会，使孩子学会判断哪些事适合自己做，哪些事不能去做，绝不能对孩子进行全盘否定。

七是孩子听从后一定要及时表扬。如果孩子听从了父母的规劝，没有坚持不合理的要求，父母就应该及时给予表扬，从而强化孩子的良好行为。

一个不曾被拒绝的孩子，长大后是经不住挫折考验的，为了孩子的幸福，家长应施以理智的爱。当孩子提出不合理的要求时，家长应该予以巧妙、坚决的拒绝，从而帮助孩子建立正确的价值观念和是非观念，同时增强孩子的自我控制能力，为孩子的健康发展创造有利的条件。

如何应对父母安排的相亲

随着社会经济的发展，观念的升级换代，价值取向日趋多元，生活压力不断增加，“晚婚族”渐成规模，众多青年男女被迫加入“剩军”的行列。作为父母，都希望子女拥有幸福美满的婚姻，所以，很多时候，常常是当事人自己还不着急，父母却开始不停地催促，甚至积极地为子女物色人选，安排各式各样的相亲活动。

柳玥今年 29 岁，因为长相甜美，性格温和，参加工作后，给她介绍男友的亲友邻居就没断过。开始的时候，向往“一见钟情式爱情”的她始终坚持宁缺毋滥的原则，对这种传统的相亲活动充满了排斥和抗拒。

柳玥没想到的是，这样的抗拒竟会影响到家人的邻里关系。3 个月前，刚退休的柳妈妈从外面回家，气冲冲地把柳玥骂了一顿。柳妈妈说，就因为柳玥从不领热心邻居的情，起码有 10 个老邻居被她的拒绝“伤了面子”，不少老邻居竟“联合”起来“排斥”柳妈妈，觉得“柳家人太高傲，自以为了不起”。

从小就是乖乖女的柳玥，不得不听从妈妈的“教诲”，被迫接受亲友邻居们的相亲安排。接下来的 3 个月里，她几乎每周末都得参加不同的相亲活动，国庆长假那几天，她竟然被迫相了 10 次亲。以前总盼着周末的柳玥，如今是提起周末就头疼——正襟危坐跟陌生男子吃饭、聊天的相亲见面会，对她来说非常煎熬。但如果拒绝，又会被父母骂为“不懂礼貌”。

因为每次都是被迫相亲，柳玥心理上从没认真过，前后参加了 20 多次相亲都未能“选中”男友，关于柳玥“自以为是”的议论越来越多。一周前，她回家路过小区门口，几位并不认识的大妈竟在她身后指指点点：“这就是那个相了几十次亲的柳玥？”“相了几十次亲都没成？是不是有什么毛病啊？”“是啊，都29岁了，再不结婚就要成老女人了。”柳玥听到后，委屈得大哭了一场。

尽管知道亲友邻居是好心，但有时候，我们却不得不拒绝他们的好意。比如，你刚步入社会，还一无所有，想先安心在事业上打拼；你有了喜欢的人甚至是交往的对象，但由于一些原因还没有告知家人；你刚失恋，不想这么快就走入下一段感情……如果不学会拒绝，谁的好意都接受，就会遇到柳玥这样的困扰。周围的误解和评价，不仅会让你感到委屈，还可能影响到你今后的感情生活。

所以，如果还没有做好准备，或是真的觉得没有必要，就要尽早想办法打消家人的念头，巧妙地拒绝家人的好意。下面就介绍几种方法，或许会对你有帮助。

一要与家人沟通，告诉他们你的想法。父母安排相亲，多半是出于关心和担心。只要你能心平气和地坐下来，和父母好好沟通，把你的想法和计划告诉他们，并安抚他们的情绪，一般来说，他们都会尊重你的选择和决定。

小吴大学毕业后，在北京找了一份不错的工作。春节回家的时候，父母拿出几个女孩的照片给他看，对他说：“你也老大不小了，该想想婚姻大事了。这几个女孩都是你小姑介绍的，相貌人品都不错，你看看，喜欢哪个，趁这两天在家，赶紧见见！”

小吴有些哭笑不得，他对父母解释道：“爸妈，我知道你们关心我，可我才24岁，事业也才刚刚起步，还不想这么早结婚。再说，我在北京工作，离家这么远，异地恋也不现实。我平时也能接触到不少的女孩子，你们完全不用担心我会找不到女朋友。”小关这么一分析，一保证，父母也觉得有道理，便放下心来，不再张罗相亲的事。

二要借口推托，一拖再拖。小燕在离家不远的县城当老师，每次回家，父母和一些热心的亲戚总会给她介绍对象，有时候，她还会遭遇“被相亲”的尴尬。对此，小燕决定采取拖延战术。每次家里人催她回去相亲，她都找各种理由推托，不愿意回家。如果回到家，见到相亲对象，她也总会找各种借口出去晃荡一圈，尽量避免和相亲对象相处。时间长了，家里人也知道她不乐意相亲，热情也就渐渐消退了。

三要请人助阵，借他人之口拒绝。小欣想了很多方法，还是没办法摆脱父母的相亲安排。小欣还有一个弟弟，比她小两岁，可是已经结婚了。小欣对父母说：“相亲可以，但我想让弟弟陪我一起去，他可以从男人的角度给我一些参考。”一家人都觉得这个提议可行。

在去相亲的路上，小欣偷偷告诉弟弟：“我有喜欢的人了，过段时间要是觉得合适，会告诉家里人，现在还不行。爸妈最听你的话，他们问起来，你就说我和这人不合适……”在弟弟的帮助下，小欣不止一次成功地拒绝了家人安排的相亲。

婚姻是每一个人的人生大事，为人子女者，要体谅父母的良苦用心。在拒绝父母安排的相亲时，一定要尊重父母的感受，不要顶撞父母。无论用怎样的方法来拒绝，都应该及时安抚父母的情绪。

回绝父母的时候要委婉

蒋安很小的时候，父母就离婚了，是母亲一手把他带大的。母亲对他很好，给他吃好的、穿好的，从来舍不得让他吃一点苦。蒋安从懂事的一天起，就很心疼母亲，对母亲充满了感激，他暗暗发誓：一定要有出息，将来好好孝顺母亲！

蒋安从小就很听母亲的话，母亲怎么说，他就怎么做，就算心里有不同的想法，他也从不顶撞母亲，从不违背母亲的意愿。高考填报志愿的时候，因为母亲不放心他独自一人去外省，他便放弃了自己向往的大学，留在了省城，毕业后在离家不远的城市找了一份工作。

后来，蒋安喜欢上了小娜，一个长相平凡，但温柔体贴、善解人意的姑娘。可是，当他把小娜带回家的时候，母亲却极力反对他们的婚事。在母亲看来，小娜太过平凡，根本配不上自己的儿子。因为这件事，蒋安第一次与母亲起了争执。一向对自己言听计从的儿子突然当着外人的面，反驳自己的意见，母亲一下子就蒙了，完全没办法接受。她觉得自己好像一下子失去了活着的支撑，甚至想到了要寻死。因为母亲以死相逼，蒋安不得不再一次向母亲妥协，万分痛苦地和小娜分了手。

不可否认，父母都是爱孩子的，父母所做的一切，出发点都是为孩子好，孝顺父母是为人子女应尽的责任和义务。但是，孝顺父母并不意味着要对父母言听计从，一味地迁就父母的想法，尽力去满足父母的所有要求，这不仅是不现实的，也是欠缺理智的。

由于成长环境、社会经历、人生阅历的不同，父母与孩子对同一件事情的看法难免会有不同。如果事情无关紧要，我们自然可以顺了父母的意见，但有时候，在一些关键的问题上，父母的一些“不合理”要求确实会让我们感到为难。这时候，如果一味迁就，不仅会影响我们的心情，也不利于问题的解决，这也不是父母希望看到的。所以，有时候，面对父母的一些“不合理”要求，我们要巧妙地拒绝，这样，既不会伤害父母爱我们的心，也不会让自己陷入进退两难的窘迫境地。

晓军大专毕业后，自己在一个私营企业找了份工作，准备去应聘。这时，正好父亲托人在一家国营大厂为他找了一份职务。父亲知道晓军的意向后，坚决反对。晓军深知父亲的脾气，如果采取强硬的态度，和他据理力争，父亲只会更生气，不仅不能达成自己的心愿，还会影响父子之间的感情。

晓军并没有急着和父亲讲道理，而是耐心地听着父亲的分析。等父亲终于平静下来以后，他才心平气和地对父亲说道：“爸爸，我知道你是担心我，希望我能有更好的发展。但是，这个工厂我了解过了，虽然规模不大，但很有前途，生产的是高科技产品，和我学的专业也很对口。国企确实不错，可是人才济济，我一个大专毕业生，又不是对口专业，到那里想要干出一番事业，恐怕很难。可是在这个小厂就不同了，厂长很喜欢我，已经向我承诺了，入职以后，会直接让我接手技术工作，这是多好的机会呀！”晓军顿了顿接着说：“爸，我从小就依靠你们，都成习惯了，你不是也批评我没有主见，希望我成为一个敢说敢为的男子汉吗？我现在长大了，觉得你说得对，找工作也是我走入社会的一件大事，这也是我考虑很久才作的决定，我想你一定会支持我的。这么多年，你们一直替我做主，这次就让我自己做一次主，行吗？”

听了晓军的话，父亲半天都没说话，他觉得儿子好像一下子长大了，比以前独立了，还会理解父母了。细细想想儿子说的话，父亲发现竟然句句在理，便没有再反对，点头同意了。

在家庭中，几乎都会遇到自己的意见、看法与父母不同的时候。在这种情况下，切不可因为年轻气盛，顶撞父母，与父母发生争吵，而应该先耐心地倾听、了解父母的想法，理解父母的苦衷。等父母的情绪稳定后，再耐心地向父母解释，告诉他们自己的想法，并说明自己想法的合理性，以委婉的方式拒绝父母的要求和建议。

一般来说，父母都是很通情达理的，只要我们能给父母足够的尊重和理解，照顾到他们的感受，能够对他们进行耐心地说服，他们还是愿意接受晚辈的意见的。

父母常常对我们寄予厚望，出于关心和爱护，他们往往会给我们提出一些建议和要求。如果我们因为意见不同便对他们进行尖锐的拒绝和反抗，往往会让父母难以接受，双方之间的关系也会因此受到影响。因此，在拒绝父母时，一定要注意方式方法，要尽量委婉，要理解父母的用心，照顾到父母的感受。

第五章 恋人间的边界把控

爱情是两个人的奔赴，而不是一个人的独舞，若想在爱情中被恋人珍惜，便不能只懂得单方面地为爱情付出，没有原则地答应恋人所提出的每一个要求，而要懂得适度地向恋人索取，当恋人提出无理的要求时，也要懂得果断拒绝。在现实生活中，有些唯爱情至上的人，当他们陷入爱河之后，总会将自己的姿态放得很低，并将恋人看得无比重要，这样的人自以为只要肯为恋人付出，答应恋人的所有要求，就能将爱情关系维持得稳固，可他们对待恋人太过殷勤的表现，换回来的却总是恋人的轻视。

无条件地顺从绝不是爱

韩健和女友在一起四年，但说起这四年的感情，韩健却觉得有苦难言。韩健说：“在这四年中，我不止一次和她提出分手，但每次都因为她不肯放手，我也不忍心看她哭得那么伤心而宣告失败。”

韩健说之所以会不止一次提分手，最大的原因在于女友太依赖自己。“生活上的大小事，她都会让我帮忙拿主意，连每天出门穿什么，都要我替她选。刚开始，她让我感到自己是‘大男人’，可一段时间后，我就觉得自己这样好累！”韩健无奈地说。自己平时工作忙，但女友却是个极度缺乏安全感的人，有时候没有及时接听她的电话，她都会伤心很久，有好几次甚至直接上公司去找他。

韩健性格开朗，有不少的朋友，每隔一段时间，都会和几个好朋友聚一聚。朋友们平时都很忙，聚会一次也不容易，便说好不带“家属”。可是，不论他怎么解释，女友都不放心他单独前往，他哄也好，发脾气也好，女友都一定要跟他一起去。后来，朋友们都知道他有这么一个“黏人”的女朋友，让他觉得有些丢面子。

韩健说：“我也知道，她为了每时每刻都跟我在一起，和自己的朋友也渐渐疏远了；为了能离我近点，她把原本稳定的工作辞了，在我的单位附近的一家小公司找了一份文员的工作……可是，我真的不知道她为什么要这么做，刚开始的时候，心里对她还会有亏欠，但现在，她的纠缠让我很累，就像一个大包袱，压得我喘不过气来……”

无论是生活中还是感情上，过分依赖一个人是不合适的，同样地，对一个人百依百顺也是不合适的。真正的爱情不是依赖性的从属关系，两个人在心理立场上，应该是平等的，能相互包容和尊重，这样的爱情才能充满成长的空间，才会拥有生命力。

你心爱的人是否经常会在你工作繁忙的时候突然生病，搞得你分身乏术，手足无措？他是否经常忘带钥匙，急呼你回家开门，让你只得放下手中的工作，应声而去？他是否要求你 24 小时开机，如果你没有及时地回复他的电话或信息，他就会伤心失落，甚至胡思乱想……

如果你的爱情出现了上述的情况，你就需要好好反省一下了，看看问题出在了哪里。恋人之间再亲密，也应该保持彼此的独立性，一方太过依赖，时间长了，只会让对方感到压抑和窒息。

有的人可能会感叹："刚在一起的时候，他并不是这样的，那时候我们都能互相体谅。"殊不知，很可能就是因为你的体谅，让对方有了这样的改变。韩健如果在刚和女友在一起的时候，就有意识地对她的一些撒娇或要求说"不"，而不是一味地迁就和体谅，就不会强化女友的依赖心理和依赖行为，自己也就不会那么累了。

在爱情里，如果学不会拒绝恋人的某些不合理的要求，无条件地顺从，就会让对方形成依赖，一旦不能满足他的依赖，他就极有可能无法接受，甚至作出一些不可控制的冲动行为。这样的心理和行为，就不再是一种单纯地表达爱情的方式了。所以，在顺从对方前，你不妨问问自己，能否承受得起对方的这种依赖？能否肩负得起另外一个人的人生重量？如果不能，就要趁早学会对恋人说"不"，帮助对方改掉依赖的习惯，用心培养和呵护属于你们的爱情。

在拒绝恋人的要求时，应该多注意以下几个方面。

一要明确拒绝的内容。在拒绝恋人提出的不合理要求时，一定要明确拒绝的内容，让对方知道你拒绝的是他的哪一个要求。这样做，会让你的拒绝更有针对性，更好地去消退那些过分的、不合情理的要求和行为。

二是对恋人说“不”也要适时适量。习惯不是一天两天就养成的，如果恋人对你的依赖已经成为一种习惯，如果你一下子改变态度，生硬地拒绝，他的心理上一定难以承受，很容易因此怀疑你对他的感情。所以，你在拒绝时，应该适时适量，由弱至强，各个击破，逐步逐条地消退他的“习惯”。比如，先选择你认为比较小的不合理要求予以拒绝等。

三是可以适当地向对方“示弱”。对方之所以会对你产生依赖，很可能是因为他相信你可以很好地安排他的生活。你不妨适当地向对方“示弱”，多给他一些赞美和鼓励，多给他创造一些自己做决定的机会，多给他一些照顾你、关心你和帮助你的机会。这样，就能渐渐地培养出恋人的“能力感”，他对你的依赖感也会随之减少。

四是扩大彼此的交际圈。扩大彼此的交际圈，让恋人接触更多的人，不要让自己成为他生活全部。这样，你不在他身边时，他也能找到人陪，找到事情做。

爱需要体谅，但却不是无条件的顺从，太过依赖的爱情也不是真正的爱。恋人在心理上应该是平等而独立的，不是彼此的附属品，所以，在与恋人相处时，要拒绝对方的过分依赖，给爱情一些喘息的空间。

懂得拒绝无原则的宽容

爱情要甜蜜长久，离不开双方的相互体谅和相互理解。爱情需要宽容，如果总是揪住一些小事不放，斤斤计较，那彼此之间的距离也会因为争吵而拉得越来越远。但是，对爱人的理解和宽容应该是有条件的，因为，相爱的双方是平等的，溺爱和纵容只会让爱变得畸形。所以，在爱情里，我们要懂得拒绝无原则的宽容。

柯萍和吕宏刚认识的时候，吕宏正陷在失恋的痛苦中不能自拔。吕宏告诉柯萍，他很爱他的前女友，两个人关系很好，已经到了谈婚论嫁的阶段。可是双方家长都极力反对他们在一起，最后，女孩选择了妥协，他们就这样分开了。

柯萍听后也为他们的这段爱情感到可惜，也因为如此，她觉得吕宏是一个重情义、有责任感的男人，渐渐地喜欢上了他。所以，每当吕宏心情不好的时候，柯萍总会放下所有工作，第一时间赶到他身边，关心他，安慰他。渐渐地，吕宏的心情好了起来，慢慢地走出了失恋的阴影，也注意到了身边的柯萍。就这样，两个人确立了恋爱关系。

柯萍毕业后在一家小报社做了新闻记者，没能和吕宏在同一座城市，有时候，他们两三个月也见不上一面。柯萍有时给吕宏发短信，吕宏也不怎么回，柯萍觉得很委屈，打电话和吕宏抱怨了几次，吕宏只说工作忙，经常出差，很累。柯萍听了，觉得自己太不懂事了，应该理解他，这之后，就再也没抱怨过了。

柯萍的工作虽然很辛苦，但是她却很喜欢。可是吕宏却觉得这样的工作不稳定，不适合女孩子。他对柯萍说："你把工作辞了吧！我希望你能到我身边来照顾我！"柯萍解释了两句，就被吕宏冷冷地打断了："你要是不想和我在一起就直说，不用找这么多借口！"说完就挂断了电话。柯萍边哭边告慰自己说："他一定也是心疼我，不想我这么辛苦，我也是想和他在一起的呀！"这么一想，她便果断地辞了工作，来到吕宏工作的城市。

一起生活后，柯萍总是细心地照顾吕宏的衣食住行。她很少和吕宏吵嘴闹架，就算有时候觉得吕宏做得过分了，她也总能为他找到合理的解释和借口，轻而易举地理解和原谅他。

春节的时候，吕宏带柯萍去见了他的父母。可是他的父母觉得柯萍是外地人，不适合做他家的儿媳妇，对于父母的态度，吕宏也没有多加解释。柯萍也表示理解，因为父母的出发点也是为了吕宏好。

没多久，柯萍发现，吕宏竟然背着她追求别的女孩子，她很伤心。可是吕宏却不耐烦地回答："还不是因为你不讨我爸妈喜欢！我也是为了应付家里！你要不乐意，咱俩分手好了！"柯萍一听又心软了，努力让自己去理解他。

没几天，吕宏就向柯萍提出了分手，原因是他喜欢上了别的女孩，柯萍伤心之余还是同意了。一个月后，那个女孩向吕宏提出了分手，吕宏又反过头来找柯萍。柯萍心想："人总会犯错，他能回来找我，说明他还爱我！"最终，柯萍决定原谅他。

再次生活在一起，吕宏变得更加挑剔，总是一副不耐烦的样子，动不动就发脾气。周围的人都劝柯萍和他分手，柯萍却始终觉得："既然我爱他，就应该理解他，包容他。再大的问题，只要理解和包容总是能解决的。"

在柯萍与吕宏的这段感情里，她说得最多的话，就是"我理解他""我努力去理解他”，无论吕宏做了多么过分的举动，她都会义无反顾地去“理解”。在爱情里，女孩子善解人意是好事，但柯萍的表现明显已经超出了“善解人意”的范畴，成了无条件的逆来顺受，对男朋友的包容也成了一种纵容。

在爱情里，无原则的宽容，等于是纵容对方无原则地犯错。要想让爱情变得甜蜜幸福，就要学会拒绝无原则的宽容，要有自己的原则和底线，要知道哪些错误是可以被原谅的，而哪些错误是不可以被宽恕的。爱情也应该有底线，只有拒绝无原则的宽容，爱才能在付出时得到它应有的爱护，爱情也才能健康、长久。

心理学家认为，一味地迁就和纵容，只会把对方培养为“爱无能”，即使两个人在一起，也无法获得健康的爱情。真爱不是逆来顺受，只有学会拒绝无原则的宽容，彼此尊重和珍惜，才能让爱情天长地久。

对恋人强烈的占有欲说“不”

在爱情里，有的人总想左右对方，总喜欢要求恋人按照自己的意图去做事，甚至认为只有这样，才能证明对方是爱自己的。这种认知是错误而危险的。

肖丽和男友刚在一起的时候，感情很好，甚至到了谈婚论嫁的阶段。可是，就在他们恋爱两周年的纪念日这天，男友却突然向肖丽提出了分手。

男友说，刚认识的时候，觉得肖丽是一个善解人意的女孩子。可是，在一起后才发现，肖丽的占有欲太强，让他觉得压抑。两个人在一起后，肖丽恨不得时时刻刻都看管他，不让他出去玩牌，不喜欢他和朋友聚会，不喜欢他身边有女性朋友，不喜欢他出去应酬超过晚上 11 时才回来；他们领导请吃饭、去酒吧、去温泉，其实就是带他们出去放松上班时紧张的情绪，她明明知道却还是不停地打电话催他回家……

男友对肖丽说：“我的爱已经被你慢慢地冲淡了，我没有爱了，所以咱们分手吧！”肖丽成长在一个单亲家庭，记忆中，妈妈的工作总是很忙，一家人很少有时间在一起。她一直觉得，正是因为爸爸妈妈在一起的时间太少，爸爸才会背叛婚姻，离开她们。所以，她总是想方设法地和男朋友待在一起，满以为两个人会越来越好，却没想到会是这样一个结果。

肖丽一直知道男友爱玩，朋友也多，她一直以为，如果男友真的爱她，就可以心甘情愿地为她改变。男友的话让她很伤心，她甚至觉得自己再也不愿意相信爱情了。

其实，爱情就像手中沙，抓得越紧，漏得越快。在男女情爱的磁场里，如果一方过于倾心或过多投入，另一方就会产生负重感，爱的平衡就会被爱的沉重所打破。所以，爱并不是男女双方欲望的任意宣泄，更不是彼此随便就能达到完美的境界。

爱情不是占有欲，由占有欲而生出的企图控制和占有对方的行为，往往是导致爱情分裂的重要原因。爱不是一味地牺牲奉献，也不是占有控制，更准确地说，爱是一门平衡的艺术，是拥有而不是占有，是分享而不是控制。

晓雯和陈科是高中同学，高考结束后，晓雯成了陈科的女朋友。一个暑假，两个人几乎天天都在一起，每天都有说不完的话，做不完的事。陈科是一个很贴心的男朋友，晓雯因此越来越依赖他。

暑假结束后，晓雯和陈科离开家去同一个城市上大学，但不同校。晓雯觉得有些失落，虽然学校离得不是很远，可是两个人却再也不能像以前一样天天在一起了。陈科性格开朗，多才多艺，很快就投入到了多姿多彩的大学生活中，每天都会在电话里兴奋地和晓雯说着学生会、社团以及各种比赛。

陈科越是高兴，过得越是充实，晓雯就越是觉得不安和委屈，她觉得陈科拥有了一个更广阔的世界，而自己已经不再是他的全部。于是，晓雯开始动不动就和陈科生气，如果陈科没能及时地跟她道歉，她就会直接关掉手机，不跟他联系。有好几次，陈科都是气喘吁吁地赶到晓雯的学校，亲自和她说对不起，带她去吃饭，哄她开心。

又一次赌气过后，晓雯趁机提出要求："反正我们学校离得也不远，以后我们每天都见面吧。"因为怕她生气，陈科没有拒绝，每天两头来回跑，晓雯觉得他们又回到了高考结束的那个暑假，每天都很开心。可是，坚持了一个月后，陈科对晓雯说："虽然只有 40 分钟的路程，但天天这样跑，不能参加社团活动也就算了，班会也错过了，晚自习也不能兼顾，再这样下去，我的大学生活都在路上了。我保证每个周末都来找你，平时有时间也会尽量抽空来看你，好不好?”听了陈科的话，晓雯的心一下子凉了半截。她生气地想:“他怎么就只想到自己?难道他不要我们的爱情了吗?”她对陈科发了很大的脾气，陈科什么话也没说就离开了。

和好之后，晓雯发现，陈科开始找各种借口减少见面的次数，要么是准备考试，要不就是班主任找他谈话，再不然就是宿舍同学过生日……晓雯每次都会大哭大闹，然后关机不联系。又一次争吵过后，陈科给她发来一条短信，提出了分手。陈科在短信里说:“我们还是先分开一段时间吧！我想我的人生还有比爱情更重要的东西。”晓雯根本没办法接受这样的理由，她质问陈科:“我那么在乎你，我想要的也只是你的爱和在乎，你怎么可以这么绝情?”

在恋爱关系中，企图完全占有对方的爱是不合理的，也是不可能的，爱绝不是能被占有的东西。所以，与恋人相处，一定要把握好彼此之间的亲密距离，不能走太近，也不要走太远，要懂得对恋人强烈的占有欲说“不”。因为，只有以独立和自由为调料，爱情的味道才能更美好。

心理学家指出，恋人之间保持平衡型的亲密距离是最为适当的。所谓“平衡型的亲密距离”，是指两个人就像拥有部分交集的两个独立的圆，不太近，也不太远。两个人各自保有完整的自我，彼此独立却又能在不干涉对方的前提下，表达关心与支持。在这样的关系中，彼此的内心都会感到温暖而安全，也就总能有幸福的体验。

如果两个人不分彼此，凡是有关对方的事都要有闻必究，干涉对方做的每一个决定，要认识对方身边的每一个人，完全占领彼此的私密空间，甚至企图按自己的要求去改变对方，就很容易产生摩擦。要想让爱情甜蜜长久，就要学会对对方强烈的占有欲说“不”，并把握好彼此之间的亲密距离。

巧妙回拒男朋友的性要求

22 岁的小舒从小家教严格。一年前，她与男朋友确立了恋爱关系。一直以来，两个人的相处都很融洽，可是最近，小舒却烦恼不已。因为最近两个月来，几乎每次独处的时候，男友都会要求和她发生性关系。男朋友对小舒很好，可以说是呵护备至，小舒也很爱他，可是她不想在结婚前就把自己稀里糊涂地交出去。小舒现在都有些害怕和男朋友单独相处，因为她不知道自己应该怎样拒绝才不会伤害到他。

现实生活中，有不少女孩都和小舒一样，被这个问题困扰着。当情人们进入热恋，并且两人的情感达到了相当的程度时，彼此的亲热举止会越来越大胆、放肆，以致男方会对女方提出性的要求，而热恋中的女孩，最容易在男友“你如果爱我，就应该把自己交给我”这句话的引导下，献出自己的身体。

为男友献身并不一定是爱情的润滑剂，很可能是让人后悔自责的迷魂汤。如果对方并不是真心相待，轻易相许只会让对方如愿以偿，他的目的达到以后，很快会“弃旧图新”，另觅新欢；如果对方责任意识淡薄，他很可能会在得到之后，认为你是一个轻率之人，甚至会发生猜疑：“你既然那么容易献身给我，会不会更随便地献身于他人呢？”无论是哪一种情况，最终受到伤害的都是女孩自己。所以，女孩在面对恋人的性要求时，不可轻率答应，要巧妙地加以拒绝，既要保护好自己，也不要因此伤害了对方的自尊和彼此之间的感情。

那么，应该怎样巧妙地拒绝男朋友的性要求呢？以下几种方法，值得掌握。

一要在交往之初就约法三章。随着交往的深入，有的女孩会因为太在意对方的感受，担心对方不高兴而不忍心说出拒绝的话，甚至会因为自己的拒绝而对对方产生亏欠心理。如果是这种情况，最好在刚开始恋爱时，就与恋人来个君子协定或约法三章，日后如果他有控制不住的时候，再拒绝时，于情于理女孩都占了优势。

二要在第一时间说“不”。首先要明白，指望男人来控制好自己的欲望，是个不保险也难实行的办法。这与爱不爱你无关，男性对性刺激的反应非常直接，也很难控制住自己对性的渴望。因此，当女人不愿意发生性行为时，必须把主导权牢牢掌握在自己手里。

如果不能接受男友提出的要求，就一定要第一时间坚定地说出自己的想法，而不要等对方有了太过亲密的举止后再说，因为那时，这样的拒绝更有可能被认定为是“欲拒还迎”“故意吊人胃口”，反而会让他更难罢手。

三要耐心地解释拒绝的原因。当男友有亲密举动时，有的女孩会猛然推开对方，或者破口大骂，甚至还附上一个耳光，这样的拒绝方式并不妥当，这样会严重伤害对方的自尊心，造成难堪的局面，甚至导致感情的破裂。

你可以严肃地表明自己的态度，但不要声色俱厉，伤了男人的面子，更别忘了详细说明，你为什么不想要。在解释原因时，要耐心，态度要真挚，切不可过分指责，或是讥讽和嘲笑对方。明智的回答很多，比如，你可以说：“对不起，我不能这样做！因为我们的了解还不够深入，我要对自己的选择负责任，不能这样随便，那样对彼此都是一种伤害。”或者你还可以这样拒绝：“我很爱你，如果你也是真的爱我的话，请尊重我，尊重我的选择，也是尊重你自己。让我们一起在自我约束中走向成熟，好吗？”

拒绝时，态度要温柔且坚决，相信只要是通情达理的男生，只要他真的爱你，都会因你的坚持而接受你的拒绝。而你也会发现，学会拒绝发生性关系，会使你变成一个思想细腻、成熟稳健的人。

四用眼泪说“不”。有时候，女人的眼泪是最有力的武器。如果晓之以理不行，你不妨试试动之以情。一般来说，当男人看到自己喜欢的女人，因为委屈或恐惧哭泣时，都会因为心疼而控制住自己的冲动。

五用回避法也是一种拒绝。专家建议：“不要尝试和欲望搏斗，而是要懂得回避。”很多时候，回避也是一种拒绝。

当男友谈论起一些敏感的话题，或是说一些暗示性的话语时，要学会“装傻”，不要回应，或是巧妙地把话题岔开。在与恋人单独相处时，要注意自己的着装，不宜穿得太过暴露，尽量避免一些暧昧的动作。

不合时宜的性，给人的不是愉悦，而是厌恶和伤害。和一个有着同样性爱价值观，懂得爱是尊重和责任体现的男人约会，是避免自己被迫陷入性爱困境的最好办法。

女人要学会保护自己，对于恋人提出的性要求，一定要慎重考虑。不要担心自己的拒绝会影响彼此之间的感情，因为如果对方真的爱你，是一个负责任的男人的话，他也会考虑你的感受，会尊重和理解你。

爱情里也需要隐私

林宇和阿萍是经朋友介绍认识的，几次接触过后，两个人很快确立了恋爱关系。林宇很喜欢阿萍，觉得她温柔可爱，所以对她一直都很好。

在一起没多久，阿萍就向林宇提出了一个要求，要交换手机、QQ、电子邮箱等聊天工具的密码。林宇有些犹豫，但阿萍却说："这有什么关系呢？你难道不觉得两个相爱的人之间应该彼此坦诚吗？还是你有什么不能让我知道的事？"她这么说，林宇便不好再拒绝了，乖乖地把所有的密码都告诉了她，当然，阿萍也交换了自己的。很长一段时间，阿萍都和林宇说，她觉得自己是世界上最幸福的人，因为他们之间没有什么秘密，就像一个人。

最近，由于部门的一个项目出了点问题，林宇不得不每天和下属一起加班。这天，他正和下属讨论方案，办公室的门突然被推开，他抬头就看见阿萍满脸泪水地看着他。等下属离开后，他焦急地开口问道："阿萍，你怎么了？怎么这时候来找我？出什么事了？""我怎么不来找你？你都要和你的老情人私奔了，我难道还要祝福你们吗？"阿萍边喊边把一沓纸摔在他的脸上。

林宇发愣过后，捡起其中的几张，一看，脸色变得更难看了。那些都是他这段时间和梅子的电子邮件，每一封都被她印了出来，成了怀疑和质问他的"罪证"。梅子是林宇的好朋友，不过，因为梅子出国了，两人已经好几年没联系了。前段时间，他突然收到梅子的邮件，说要回国了，想和他见一面，这才有了联系。

林宇自问没有做对不起女友的事，他和梅子之间的对话也很正常，至于阿萍说的“私奔”，不过是梅子开的一个玩笑而已。看着委屈的女友，林宇还是耐着性子解释了一番。虽然误会解开了，阿萍也道歉了，但林宇的心里还是很不舒服。当初交换秘密的时候，他并没有想到阿萍真的会去查看他的聊天工具，他更是从来没有过这方面的想法。他现在不得不重新思考，这样的选择到底对不对?

在有些人看来，爱人之间就应该没有秘密，就应该分享一切，他们所追求的是一种所谓的“终极信任”。所以，他们交换彼此的日记，交换彼此的所有密码，甚至互换手机，随意登录对方的各种聊天工具，随意地与对方的好友交谈。在他们看来，爱情里不应该有隐私，有隐私就是一种背叛。殊不知，很多时候，就是这样的观点和做法，让他们最终失去了甜蜜而宝贵的爱情。

每个人都有自己不愿与人分享的秘密，即使是最亲密的人，也是两个独立的个体，都有保存自己个人隐私的自由。在爱情里，信任和隐私是两码事，保留自己的隐私并不代表背叛，而尊重恋人的隐私，就意味着尊重对方独立的人格。恋人之间，应该有这样一种文明的意识和教养。

只要多给恋人一些信任和尊重，隐私就不会成为双方感情的隔阂，反而会成为爱情的催化剂。尊重对方的隐私，代表着我们对恋人的理解和信任，恋人也会感激我们的宽容，彼此之间的相处就会变得更加融洽，心与心的距离也会靠得更近。

“水至清则无鱼”，尊重彼此的隐私，也是对爱情的一种保护。有时候，情侣之间完全“天地坦荡荡”往往是增加矛盾的开始。其实，和其他任何美好事物一样，爱人之间的情爱也不可能“纯而又纯”，要让爱情快乐幸福，就应该把心放宽一些，允许对方保留一点秘密，为他留下一些私人的空间。

只有我们先尊重别人，别人才会尊重我们。所以，在与恋人相处时，我们应该首先学会尊重对方，拒绝成为“窥探”对方隐私的人。哪怕对方主动表示愿意告知，我们也要学会拒绝，我们可以告诉对方：“每个人都有自己的秘密，我很爱你，所以我相信你，这些秘密也是你的一部分，我们应该允许它以本来的面貌存在。”拒绝是出于信任，也是一种自我保护。

当对方开口询问或是以其他的方式探听我们的隐私时，我们也可以用适当的方式加以拒绝。比如，我们可以告诉对方：“我知道你是想更多地了解我，我很感动。但每个人都需要有一定的私人空间，都有不想被人打扰的时候，希望你能理解我。”不要用指责的口吻来拒绝，对方之所以这么做，多半是因为想更了解我们，与我们更亲密。我们应该先对对方的行为表示理解，再委婉地表达拒绝之意。如果我们平时多关心恋人，多与恋人交流和沟通，给他提供更多了解我们的途径，他的好奇心或许就不会那么重了。

当然，爱人之间保留太多或是故意制造太多隐私，也是对对方的不尊重，甚至是一种伤害。所以，一定要把握好公开的“度”。

每个人都有自己心中的空间，都有自己不愿说出来的秘密，并不能因为是爱人就要因此毫无保留地展现自己的隐私。不要做随意“窥探”对方隐私的人，当恋人探听自己的隐私时，也要学会巧妙地拒绝。恋人之间只有彼此尊重，彼此信任，彼此包容，爱情才能甜蜜长久。

不喜欢就要学会说“不”

有句老话说得好：“强扭的瓜不甜。”爱情是不可以勉强的，如果在相处的过程中，发现彼此并不合适，就要学会拒绝，这既是对自己的负责，也是对对方的负责。爱情里，最忌讳的就是，觉得彼此不适合或是已经不喜欢对方了，却迟迟不肯表明态度，这样往往会导致害人害己的结果。

晓珂在一家宾馆做服务员，她年轻又漂亮。顾嘉是宾馆的泊车员，人长得很帅气。刚开始的时候，两个人经常在一起吃饭谈天，渐渐地，便成了恋人。顾嘉对晓珂很好，很关心她，只要晓珂喜欢的东西，顾嘉都会想办法给她。

可是，顾嘉的工资有限，和晓珂在一起后，他的花销一下子多了起来，每个月的工资几乎都花在了晓珂身上，常常捉襟见肘。晓珂不止一次地提出，让顾嘉换一份待遇好点的工作，可是都被顾嘉拒绝了，顾嘉说，他很喜欢这份工作。

两人在一起半年后，晓珂觉得自己对顾嘉的感情淡了，她越来越觉得顾嘉不是自己理想中的伴侣。她一直希望自己的另一半是一个有主见，有上进心的男人，只有这样的男人才能为她提供物质上的保障。她想和顾嘉分手，可是每当顾嘉对她嘘寒问暖时，她又开不了口。

就是在这样的情况下，晓珂认识了郭明。郭明是当地的公务员，很有才气，家里很有钱。认识两个多月后，晓珂便做了郭明的女朋友。一次，晓珂挽着郭明的手逛街，正好被顾嘉碰上了。顾嘉当着郭明的面质问晓珂，郭明也是一脸的难以置信，他一直都觉得晓珂是一个单纯可爱的女孩子。

最终，晓珂终于把分手的话说出了口，但同时也失去了郭明的信任，没多久，郭明也提出了分手。

在爱情里，如果已经没办法继续下去，就应该及时地拒绝。不要害怕拒绝会伤害对方，要知道，长痛不如短痛，及早说明比拖拖拉拉，闹到最后不可收拾对彼此的伤害要小得多。然而，两个人毕竟曾经有过感情，要提出分手确实不是一件容易的事情，有的人甚至发出“相爱容易，相处难，分手更难”的感叹。

只要对方对我们还有感情，不论我们用什么样的方式拒绝，都会让他受伤。但我们不能因此就一拖再拖，更好的选择是在适当的场合，用适当的方式，委婉而坚定地向对方表明我们的态度，尽可能地照顾到对方的感受，这样就可以让他心里的难受减少一些，也可以避免以后的尴尬，甚至避免他因求爱不成而对我们产生怨恨。

有的时候，拒绝对方不妨采用委婉的方式，既可达到目的，又不至于场面尴尬，造成不愉快的后果。

晓钰与柳智是相亲认识的，交往过几个月，但晓钰觉得两个人在一起的时候，没什么共同话题，便提出了分手，柳智当时也同意了。但几天后，柳智又给晓钰打电话，说不同意分手，并邀请晓钰一起共进晚餐，晓钰没有答应。第二天，柳智竟然找到了晓钰的公司，邀请她一起看电影，晓钰婉拒道：“我现在正忙于公司的事务，实在抽不出时间！咱俩的事情，我想我已经说得很清楚了，你还是回去吧！”

下班后，晓钰发现柳智还等在公司的门口，她想了想，转身在门口的超市买了一瓶八彩泡泡水递给他，寒暄了几句后便匆忙告辞了。晓钰的这一举动，使柳智猛然醒悟，因为他想起在一起的时候，晓钰曾说过：“没有感情基础的婚姻，就像这些漂亮的泡泡，轻轻一碰就会破碎，经不起一点考验。”看来晓钰对自己真的已经没有爱情了，柳智也只好罢手了。

在明确拒绝之后，对方还纠缠不休，晓钰便用了借物喻人的方法，不仅再一次表明了自己的态度，也顾全了柳智的面子，避免了尴尬和冲突。

如果对方是害怕受到伤害，性格内向的人，我们就要尽可能地用真诚而委婉的方式来拒绝。因为，如果采用一走了之，或是把话说绝的方式，就会让对方受到更大的伤害，甚至影响到他以后的感情生活。

如果对方性格外向、性情开朗，那么，我们也可以选择直接果断的拒绝方式。只要我们态度诚恳，注意措辞，顾及对方的面子和感受，他也会说服自己，让自己去接受分手的事实。

一个女孩决定跟男朋友分手，男朋友把过去几年来与她合照的照片，按时间顺序挑出几十张，然后一天一封信一张照片，试图挽回女孩的心。女孩很受感动，但她知道她必须拒绝，于是，她打电话对男孩说：“你这样做，我真的很感动，和你在一起的这几年，我真的很开心。不过，我必须向你坦白，我们真的没办法再像从前一样了……我真的很抱歉！”她的态度使男孩心平气和地接受了事实。

有人说：“爱情不是游戏，需要男女双方都承担一定的责任。”这句话很有道理，在爱情里，如果发现彼此不适合，就应该尽早学会拒绝，不要一拖再拖。拒绝时，一定要理性和理智，要考虑对方的感受，注意方式方法，这样可以使对方少受伤害，自己也能少一些心理压力和负担。

第六章
同事之间重要的是态度

相信大家在工作中，经常无法避免其他同事的一些无理要求，遇到老同事交代给我们一些麻烦的工作，或者让我们去做一些超出工作范围的一些事情，相信很多人内心都是极其不愿意的，有些人碍于情面，会选择默默接受，去做一些原本不属于自己的工作。人在职场中，学会一些拒绝别人的技巧，对自己来说是很有帮助的，在回绝对方时要做到让对方心中有数，下次不敢再胡搅蛮缠。本章就为大家分享拒绝同事的种种方法与技巧，来帮助大家在拒绝同事时，不再担心损害同事关系。

远离职场派系之争

在现代职场中，人际关系让广大职场人士和企业经理人饱受折磨。不管是分工合作，还是职位升迁，或是利益分配，无论其出发点是何其纯洁、公正，都会因为某些人的主观因素而变得扑朔迷离、纠缠不清，使原本简单的同事关系、上下级关系变得复杂起来。一个十几个人的办公室，可以有几个不同的派系，更有由这些派系滋生出来的许多纠缠不清的话题。

习惯于不动声色的职场老手，喜欢把办公室比作战场，在这里，每天都进行着一场场没有硝烟战火的较量。不管你累不累，愿不愿意，只要你置身"江湖"，就"身不由己"。

和同事们搞好关系当然是必要的，一个清高、孤僻、与同事老死不相往来的人一定不受欢迎，也很难把工作做好。但是，如果不能正确看待办公室里"拉帮结派"的现象，不能找准自己的位置，就很有可能在不知不觉中就成了无辜的受害者。学会远离那些无谓的派系纷争，往往才是对自己最好的保护。

那么，怎样才能既远离职场派系之争，又不影响与同事之间的关系呢？下面的几个建议或许会对我们有用。

无论是元老级的人物还是刚入行的菜鸟，越是不轻易偏执左右或者上下，越是不会被人轻易列入派系名单。相对的独立就是不主动参与是非的传播，不轻易表明自己的角色和立场，既坚持自己的原则和主张，又尊重公司的文化游戏规则，做一个自得其乐的中间派。

于龙刚到公司没多久，就发现办公室的人际网络很复杂，两位资深的老员工为了各自的利益在办公室里建立了很深的帮派体系。于是，聪明的她既不靠左也不靠右，保持着矜持和独立。她的最直接办法就是不偏向任何一方，也不利用双方的不和去挑拨是非以此换取自己的利益。虽说于龙的孤独是难免的，但总比不靠谱地被人利用来得强。于龙用这种办法在公司逍遥自在地“潜伏”了四年，后因其中立立场反而渔翁得利，被两位资深的员工一致推举进而身兼要职，并成为公司里最没有非议的人选。

当然，中间派不等于游离于核心工作之外，工作是首要的，我们应该尽力把自己的工作做好。另外，不做“帮派助手”并不意味着要远离同事，相反地，我们应该在做好自己工作的同时，应乐于帮助需要帮助的人。这样一来，我们既能获得好的人缘，又能拥有事业缘了。

非黑即白、非白即黑的是非态度已经明显过时了，要想远离职场派系之争，我们首先要承认黑白之间的灰度空间。不要随意与同事谈论领导或他人，更不要在办公室里轻易评判黑白是非，因为，对错之间不一定有绝对的标准，更何况每个人的视角总有自己的盲区，暂且接受别人的灰色，这样至少可以减少不必要的矛盾和争执，也能帮助我们避免在不知不觉间成为派系斗争的牺牲品。

把自己的姿态放低，永远做个谦虚的“低年级学生”，并不忘把这种好学的态度公开表现出来。制造没有杀伤力的表象，让他人在“战斗”中忽略我们的存在，这样就可以让自己处于相对安全的环境中。

不是每一次的快速反应都一定会博得喝彩。让自己拥有充分的时间和余地去思考，有时，适度的木讷和迟钝正是解救自己，让自己从困境中突围的最好手段。慢一拍发言，慢一拍行动，或许就可以让你避免掉入复杂人际关系的旋涡中，很多时候，听和看比说和做更有效。

晓雯在公司里是个典型的“三明治”角色，上有老板下有下属，还要看兄弟部门的脸色。由于她性格温顺，老板总是喜欢把她拉出来使唤，甚至常常把她当作对外交涉的挡风板。晓雯为此受的气自然数不胜数，如果太仗义帮了老板就会侵犯其他人的利益甚至是尊严，不听老板的话又会让老板不舒服。

在左右为难中，她摸索出了一套规律。那就是让自己变得迟钝些木讷些，对老板不合理的要求或者同事们不正确的做法，尽量采取软着陆的方法，在磨蹭中消减危险。这样一来，自然也就失去了本来的最佳“战斗”时机。不过在业务上晓雯更加用心了，她知道保护自己的最佳方法就是业务过硬。渐渐地，老板和同事也发现晓雯业务能力纯属一流，但用她来“搞事”就完全不行，于是只好放弃这把“枪杆”去物色新的人选了。

可见，尽可能表现出自己对派系斗争不灵敏的特征，表现出适度的木讷和迟钝，是帮助我们远离派系之争的一个好方法。

“有人的地方就有江湖”，为了避免无故成为职场派系斗争的牺牲品，就要学会远离那些无谓的帮派纷争。要想真正左右逢源，就要试着做一个中间派，不偏左不偏右，不欺上不瞒下，做好自己的分内事，也尽力去帮助需要帮助的人。这样一来，就既能避免陷入帮派斗争，又能获得好的同事缘、事业缘了。

不打听不触碰别人隐私

璐璐的一个女同事很爱打听别人的隐私，尤其喜欢打听别人的恋爱进展和家庭私事。一天坐班车的时候，璐璐很不巧地和她坐在了一起。车里坐的都是同事，不仅有本部门的，还有几个其他部门的。刚坐上去没多久，那个女同事就开口大声地问璐璐："你是不是结婚了啊？领证了吗？老公在什么单位？什么部门？你家哪里的？你老公是哪里的？你多大了？26 岁还是 27 岁？"

因为璐璐刚来现在的单位，从来没有在人前谈论过自己的私生活，也从来不去打听别人的私生活。周围的很多同事都还不熟悉，被她这么大声嚷嚷，车上的人都好奇地看着璐璐。璐璐心里很不舒服，却不知道该怎么拒绝，只好一五一十地回答了她的问题。

没过几天，璐璐就成了公司里一些流言的对象，蒙在鼓里的璐璐却还在纳闷：这些似是而非的流言是怎么来的？

有句话说得好："有人的地方就有八卦。"不管在什么地方，什么场合，总会有一些喜好八卦的人。这些人尤其喜欢打听他人的隐私，对探听到的信息，有的人就那么一听，时间长了就忘了；有的人却喜欢有意无意，添油加醋地散播给别人听，甚至不怀好意地加以利用。

在与同事相处的过程中，适当的自我暴露有利于打消对方的戒心，更好地打开交际的局面。但是，如果把握不好度，对同事有问必答，就很可能给自己惹来很多不必要的麻烦。在职场中，学会对探听隐私的人说

“不”，是工作的需要，也是自我保护的需要。

小璐在公司的业务部门工作，每个月的奖金都与当月的工作任务直接挂钩。由于工作努力，连续好几个月，小璐的业绩都很突出，所以收入也颇为丰厚。同部门的一个女同事，总是一个劲儿地询问小璐到底拿了多少奖金。平时她打听有没有男朋友、什么时候结婚这类事情时，小璐还能胡乱搪塞过去，可现在这个问题，小璐真是不知道该怎么来回答了。

薪水的高低属于个人隐私。一般而言，公司都会规定禁止内部成员之间相互打听薪水收入。在人际交往中，薪水也是一个雷区。一位薪水网站的高级副总裁曾说：“讨论薪水高低所带来的后果是，无论怎样，永远都会有一个赢家和一个输家，总会有人感到自己受到了伤害。”要想在职场安全生存，就要记住，千万不要随意泄露自己的薪资状况，这不仅有利于公司内部的安定团结，同时也可以为自己和老板省去不少的麻烦。

然而，总会碰到好奇的人前来打听我们的薪资情况，有的人甚至愿意先亮出自己的底牌与我们做交换，比如他会告诉我们“我这个月的工资是××，奖金××”，然后紧接着追问我们的情况。如果我们碰到这样的同事，最好尽早打断他的话头，不给他留任何余地，比如对他说“公司有纪律不谈薪水”等。如果他还要继续，我们可以含糊其词，“跟你差不多”“够我生活的”“少得不好意思拿出来谈”等都是不错的回答。如果他还不识趣，那就不妨采用外交辞令冷处理：“对不起，我不想谈这个问题。”有来无回一次，下次他就绝对不会再找我们了。

除了工资外，还有一些涉及个人隐私的问题，也是不应该随便告诉同事的。比如，我们的家庭背景是否会对我们的工作产生影响，我们与一些亲人或者朋友的关系是否对别人不宜，我们与众不同的思想是否会触动一些人的神经，我们与老板是否有私下的交往，以及我们的历史记录是否会影响到别人对我们道德的评价等。

随着与同事关系的日渐熟稔，同事对我们的追问可能会让我们难以招架。如果我们不想回答，可以试着采用或腼腆、或狡猾、或幽默的方式轻松地回应。比如，如果不想说出自己的年龄，我们就可以微笑着转变话题，或是将矛盾转向，回问对方："你为什么想知道呢？"再比如，同事问及我们的恋人情况，我们可以略带羞涩地回答："我还是想保持一点神秘感。"

同事是工作上的伙伴，不同于自己的父母以及兄弟姐妹，所以，在办公室里要和同事保持适当的距离。与同事交谈时，要知道哪些话可以说，哪些话不能说，哪些问题要认真回答，哪些问题要明智地说"不"。只有这样，我们才能既处理好与同事的关系，又能在一个相对安全的环境中工作。

办公室往往是闲话的滋生地，保护好自己的隐私，一方面是为了让自己不受到伤害，另一方面也是为了更好地工作。在职场中，要学会巧妙地回答同事有关我们隐私的提问，既不要随便告知，也不要伤了同事之间的和气。

赶走浪费你时间的人

我们正在专心工作的时候，一位同事逛进我们的办公室，不是谈公事，而是闲聊一番，借以打发他的时间，我们该怎么办？我们被要求加入一个杂事一堆的委员会，我们实在冒犯不起这位主管，但我们确实已经堆积了一堆的工作，我们怎么办？我们正忙得焦头烂额的时候，接到家人或朋友的电话，他们的情绪很不好，需要我们的安慰，我们怎么办？我们正按自己的计划有条不紊地进行一天的工作，上司临时给我们交代了一个职责之外的任务，我们怎么办？

如果我们不懂得拒绝，我们就不得不中断工作，去处理这些突发事件。待处理完这些琐碎的事情之后，我们就会痛苦地发现，已经很难再回到之前高效率的工作状态了。

王琦为人热心，同事有事情找他帮忙，只要能做的，他都会帮一把，同事们因此都很喜欢跟他来往。不过，王琦也渐渐发现一个问题，跟大家越来越熟稔后，找他帮忙的人也多了起来，有时候打份文件、发份传真、泡杯咖啡都要他帮忙。同事小李和隔壁部门的小赵更是成了他办公桌前的常客——小李经常请王琦帮忙整理报告，小赵则时不时地请他帮忙检修电脑。

刚进公司的时候，王琦几乎是来者不拒，无论是谁，只要一开口，他就会毫不犹豫地立刻去办。可是，他越来越意识到问题的严重性，因为他发现自己现在帮别人的时间比完成分内工作的时间还多，每到月底，他总要加班加点才能把积压的工作做完，为此不止一次受到上司的提醒和批评。

王琦担心，要再这样下去，迟早有一天会被老板炒鱿鱼。于是，他暗下决心，一定要把主要精力放在工作上。尽管想法很美好，但实施起来却障碍重重，每天从他跨进公司的那一刻起，帮忙的请托便如雪片般飞到他的耳朵里，弄得他根本没办法专心工作。

怎么办呢？直接拒绝吧，很可能会毁了自己辛苦建立起来的人际关系；不拒绝的话，又会打断自己的思路，影响自己的工作效率和进度。王琦苦苦思索了好久，终于想出了一套应对的方案。

每天刚一上班，王琦就先与需要联系的客户联系，并告知对方，如还有事就直接通过电邮联系。打完电话后，他就把电话的音量关掉，因为电话有来电显示，如果有重要的电话，他也不会错过。小李一般会在下午 3 时之后找自己帮忙整理报告，于是，王琦就把约见客户的时间定在两点半，如果不用见客户，王琦就会选择在这个时间段找上司汇报工作或是请教问题。小李见王琦一时半会儿回不来，只好自己动手了。至于小赵的计算机问题就更好办了，直接告诉他，自己现在走不开，等忙完了再去帮她修理。这样的结果往往是，等王琦忙完的时候，等不及的小赵已经找别人帮忙了……一段时间后，找王琦的人明显少了，他的工作效率也大大提高了。另外，他也会在有空的时候，一如既往地热心帮助同事，所以，和同事们的关系也没有受到影响。

在工作中，打扰我们工作，浪费我们时间的一般是比较亲近或熟悉的人，直截了当地拒绝很容易得罪他们，伤害到彼此之间的关系。所以，如果我们选择当面拒绝的方式，就一定要注意自己的语气和托词，要尽量委婉，要考虑到对方的感受，并给对方一个合情合理的理由和解释。

其实，要赶走浪费我们时间的人，不一定非要用说的，我们完全可以根据自己的实际情况，像王琦那样，为自己设立一套防御机制，这样既能把无力完成的请托挡在门外，又能最大限度地避免对别人说“不”带来的负面影响。

很多现象都是有规律可循的。我们可以回想一下被打扰的经历，总结一下我们经常被打扰的时间段。然后，我们可以想办法让自己在那个打扰因素到来之前暂时消失，或躲进厕所，或到楼下买瓶饮料，或约见客户，或找上司汇报工作等。在别人最需要我们的时候，却无法找到我们，这样一来，他就会自己想办法解决了，也为我们省去了找借口、婉转回绝等诸多麻烦。

如果向我们求助的人不在眼前，那事情就更好办了。我们可以切断联系，如拔掉电话线，关闭手机等；我们还可以把手机调成振动或静音状态，假装没听见……只要我们愿意想办法，就可以让人一时半会儿无法联系到。少了外界的打扰，我们也就能安安心心地做该做的事情了。

如果对方的打扰，完全出乎我们的意料，我们又该怎么办呢？最简单的办法就是，听出对方的来意后当机立断，在他把请求说出来之前，先找个借口开溜。比如，我们可以这样说：“真不好意思，我正准备去见一个客户，有什么事能不能晚点再谈？”“最近真是忙死了，这一堆文件上午就要处理完，连喝口水的时间都没有，等我忙完了再去找你聊啊！”“真不好意思，我正在等一个很重要的电话，一会儿再和你联系好吗？”等我们再和对方联系的时候，说不定他早就把事情搞定了。

时间对每个人来说，都是宝贵的，尤其是在工作的时候。只有学会对那些打扰我们工作，浪费我们时间的人说“不”，我们才能集中精力、高效率地完成自己的工作，也才能在事业上有更好的发展。

不要随便代替同事完成工作

在一起工作的同事，需要相互帮助的时候很多，及时给予同事力所能及的帮助也是必要的，这样有助于我们建立、维持良好的人际关系。但有时候，同事会请我们帮忙甚至是代为完成他的工作。遇到这样的情况，我们该怎么办呢？

韩云大学毕业后，很顺利地进入了一家贸易公司工作。刚进公司没多久，韩云就和肖俊成了朋友。韩云来公司参加面试的时候，部门经理把肖俊也带上了，她给肖俊的第一印象还不错，所以，成为同事以后，肖俊对她也一直很照顾。

肖俊发现，已经成年并进入职场的韩云，却常常表现得像个“大孩子”：复印机不会弄，扫描仪不会用，工作进度表不会填，原本以为她专业基础还不错，可没想到她有时候甚至无法处理好一笔简单的业务……遇到事情的时候，韩云总喜欢找肖俊帮忙。

刚开始的时候，肖俊觉得她一个女孩子，刚刚毕业，一个人外出工作也不容易，碰到她着急的情况就会上去帮一把。没想到，久而久之，竟被“黏”上了。最让肖俊生气的是，有了帮忙的人以后，韩云就不愿意再下工夫去做那些不会做的事了，有事就第一时间开口向他求助，有时候明明是她自己的工作，也央求肖俊代为完成。

有一次，经理交代下来，让韩云把一份合同项下的发货明细重新整理一遍，确认无误后在下班之前给他发过去。韩云打开工厂传真过来的发货单，觉得头都大了，第一反应就是："肖俊，你帮我弄弄这个！"肖俊想拒绝，可是又不知道怎么开口，只好叹了口气，帮她做了起来。

肖俊花了一个小时才帮她把资料整理完，一看数据和工厂报的对不上，便对韩云说："这个数据有点问题。你一会儿仔细查找一下，看看问题出在哪里，然后再和工厂确认一下，统一以后再给经理发过去。"韩云点头说知道了，肖俊便去做自己的事情了。

第二天一大早，肖俊刚到公司，就被经理叫进了办公室。肖俊敲门进去，发现韩云也在。还没等他反应过来，经理就劈头盖脸一顿臭骂："你们两个，给我好好解释一下这是怎么回事？"原来，韩云根本就没有把肖俊的话放在心上，没有检查数据，也没有和工厂确认，经理问起来时，韩云竟说报表是肖俊帮她做的，错也是肖俊出的，与她无关。结果，肖俊自然是被经理狠狠地训了一顿。

很多时候，碍于情面，我们很难开口说"不"，结果常常是很多明明不该是自己的事，通通落在了自己头上。我们可以对同事表现出善意，在同事需要帮助的时候适当施以援手，但不能让人无节制地利用我们的好心。当同事请我们帮忙或是代为完成他分内的工作时，我们一定要保持理智，权衡利弊。代为完成别人的工作，就意味着我们要承担相应的责任和后果，就算同事再三保证"不会告诉老板""出了事我负责"，我们也一定要谨慎，因为如果真的出了事，倒霉的还是自己。

那么，对于同事要我们代他完成工作的请托，我们该如何来拒绝呢？

我们可以以"忙"做借口，把麻烦挡在门外。我们可以告诉他："真不巧，老板刚给了我一份文件，要我在下班前整理出一份报告给他。"我们要尽量向他陈述一个具体而可信的事实，借以向他证明，我们不是不愿意帮忙，而是真的太忙了。

如果公司有明确的规定，个人分内的工作必须自己独立完成，那我们完全可以以此作为挡箭牌，合情合理地加以拒绝。“这事情是挺麻烦的，主要是公司有规定，我也帮不上什么忙。”先在情感上表示理解和同情，再表明立场和态度。拒绝的时候要注意措辞和语气，但是态度一定要坚决。

有的工作，专业性很强。这时候，我们就可以从工作的内容和要求入手，委婉地加以拒绝。比如，同事请我们帮忙做财务报表，我们可以这么回答：“我虽然学过会计，可是学得不好，而且都好久没碰过了，我还是不给你添乱了。”或者“这个工作要求精细，你也知道我这人没什么耐心，真要让我做，肯定错漏百出”。这样的回答既表明了我们的态度，也不会驳了同事的面子。

当然，如果同事请我们代为完成的是一些简单的工作，比如打印文件等，而我们刚好也有足够的时间，我们可以顺手帮个忙。如果同事真的有很要紧的事，我们拒绝了他的请求后，可以问问除了工作，还有没有其他需要帮忙的。这样，同事不仅不会因为我们的拒绝而感到不快，还会对我们充满感激。

在工作中，一定要分清主次，明白我们工作的主要目的是什么，不能为了不得罪人就耽误了自己的工作。不要随便代替同事完成他的工作，这样不仅可以节省我们的时间，还能避免给我们带来很多不必要的麻烦。

巧妙回拒同事的请托

职场中很多人的耳朵根软，心肠也好，面对同事的请求，几乎是照单全收，害怕拒绝会给彼此的关系带来不利的影响。帮助同事本来是好事，但对于同事的一些不合理的请求，我们也应该学会拒绝。

没有人喜欢被拒绝，因此拒绝时先不要急切、直接地表达自己的立场与处境。在拒绝别人时，无论采取哪种方法，都应尽量用温和的态度，尽量从他人的角度来分析事情的原委。拒绝同事的请托时，更要秉持着“理直气和”的原则，以照顾到对方的自尊，降低拒绝产生的负面效应。

在工作中，当同事对我们提出请求时，他们心中通常也会有某些困扰或担忧。因此，在我们决定拒绝之前，不妨先注意倾听，让对方把处境与需要讲得更清楚一些，这样自己才知道如何帮他。然后，要对他的难处表示理解。

倾听能让对方先产生被尊重、被接纳的感觉，在我们婉转地表明自己拒绝的立场时，也能避免让他感觉受到伤害，或让他觉得我们只是应付。

如果我们的拒绝是因为工作负荷过重，倾听可以让我们清楚地界定对方的要求是不是自己分内的工作，而且是否包括在自己目前重点的工作范围内。或许我们仔细听了他的情况后，会发现协助他有助于提升自己某些重要的能力和经验。这时候，我们可以在不影响自己本职工作的前提下，牺牲一点自己的休闲时间来协助同事完成任务。这样一来，我们不仅能收获工作能力与经验，还能赢得同事的友谊。

倾听的另一个好处是，我们虽然拒绝了他，却可以针对他的情况，建议他如何取得适当的支援。若是能提出有效的建议或替代方案，对方一样会感激我们。

当我们仔细倾听，明白同事的要求，并确定自己确实无法或无力帮忙后，就应该予以拒绝，说“不”的态度必须温和而坚定。同样是药丸，外面裹上糖衣的药，就比较容易入口；同样地，委婉地表达拒绝，也比直接说“不”更容易让人接受。

例如，当对方的要求不符合公司规定时，可以委婉地向他解释自己的工作权限，表示没有权力去做这件事，这违反了公司的规定。再比如，在自己工作安排已经很满而爱莫能助的情况下，就让他清楚自己工作的优先顺序，并暗示他如果帮他这个忙，就会耽误自己正在进行的工作。一般来说，同事听我们这么说，就会知难而退，再想其他的办法，就不会为难我们了。

对方若是因为我们的拒绝而表现出愤怒或威胁，我们也不需要立刻回应，可以多用同情心来缓和他的不满与挫折感。

在表示拒绝的时候，要从对方的利益出发来说明自己爱莫能助的理由。从对方的利益考虑，以对方的切身利益为借口，往往更容易说服对方。

比如，同事要求我们在一个不合理的期限内完成任务，与其说明我们不可能办到，不如让对方相信这种仓促行事的做法对他而言并没有好处。这样的话，同事不仅不会怀疑我们的意图，还会对我们心生感激。

拒绝时，除了可以提出替代建议，隔一段时间还要主动关心对方情况。有时候，拒绝是一个漫长的过程，对方会不定时提出同样的要求。若能化被动为主动地关怀对方，并让对方了解自己的苦衷与立场，就可以很好地减少拒绝所带来的尴尬和不良影响。当双方的情况都改善了，或许就可以满足对方的要求了。

拒绝同事时，除了技巧，更需要发自内心的耐心与关怀。若只是敷衍了事，对方其实都能感受到。这样，很可能会让人觉得我们是一个不诚恳的人，进而给我们的人际关系带来更大的影响。

拒绝并不是一定要以影响人际关系为交换条件，关键看我们能否灵活地运用说话的技巧。在拒绝同事时，如果我们能态度温和地与他沟通，多给他一些弹性关怀，多从他的角度和立场为他提出一些建议或解决方案的话，他不仅不会因为我们的拒绝而感到生气，还会对我们充满感激之情。

远离办公室“小人”

办公室里总是有一个角色不甘寂寞，那就是“小人”。他们上蹿下跳，或在明处，或在暗处，无论我们怎么小心谨慎，也难免不被他们盯上。他们常常可以为了自己的利益牺牲别人，甚至为了不让对方强过自己，做出一些损人利己的事情。

古人有云：“宁惹君子，不招小人。”同办公室里的这些“小人”相处，的确很头疼——在同一个办公室里，就算我们不去招惹他，他也可能会来招惹我们。对此，我们该怎么做？若试图维护自己的利益，可能会让两人嫌隙加深；若就此忍气吞声，他们就会越发嚣张，我们的处境也会越发艰难。

对于职场“小人”，最好的拒绝方法不是严格地与之划清界限，因为那样只会让自己陷入被排挤的境地。正确的处理方法是，与之保持若即若离的关系，适当地否决，适当地强硬，如果对方言行举止太过火，我们可以选择恰当的时机，用恰当的方式进行回击。

有一类“小人”，能力不怎么样，却总喜欢掠夺别人的劳动成果，并以此作为向上司邀功的资本。自己辛辛苦苦完成的劳动成果，当然不能白白拱手让人，对于这类“小人”，最好的拒绝之道就是巧施妙计，曝光其所作所为，让其自食恶果。

肖云和娜娜同在一家房地产公司做文案策划的工作。娜娜比肖云早进公司，肖云刚进公司的时候，娜娜一直很照顾她，肖云因此一直把娜娜当成好朋友。

肖云工作努力，又总能想出很多新颖实惠的点子，为此很受经理的赏识。一次，肖云加了一个星期的班，总算制订了一个令自己满意的策划。原以为一定能得到经理的表扬，谁知第二天经理竟然找到她："肖云，我本来很看重你的才华和敬业精神，没有新点子也没什么，但你不该抄袭其他同事的创意！"说完递给她一份策划书，肖云一看，惊呆了，竟然和自己的策划惊人的相似，而策划人竟是娜娜。面对经理的不满和娜娜的"心血"，肖云有口难辩。

不过，经理还是决定再给肖云一个机会，让她接了一个很重要的案子。肖云从自己的新点子里筛出了两个方案，做出 A、B 两份策划书。明里她还是和从前一样，主动请娜娜帮忙自己做 A 策划书，但暗地里她已经把策划书做好交给了经理，并请经理配合自己先不说出去。没两天，娜娜就上交了一份和 A 策划颇为相似的策划书。明白真相后的经理非常恼火，直接将其辞退了。

有的人，在工作上把自己自私的性格发挥到了极致，不论做什么事，有成果就往自己身上揽，有责任就全往别人身上推。对付这样的"小人"，需要依靠集体的力量，让他当场现形，遏制住他的势头，否则吃亏的只能是自己。

小庞就是这样的"小人"，大家一起做项目，他不仅挑肥拣瘦，而且常常占他人之功，责任却往别人头上推，还喜欢到上司面前进谗言，让上司克扣同事的奖金。为了遏制"小人"的势头，拒绝为"小人"的错误买单，项目组的同事决定惩戒一下小庞，也让上司擦亮眼睛。

这次，小杨和小庞共同负责界面显示模块的开发，在测试时，大家发现小庞的部分代码存在问题，可能会导致界面无法正常显示，但谁也没有告诉他。在给上司演示开发成果时，大家异口同声地夸奖界面模块完成得好，上司便问是谁的功劳，小庞立刻挺身而出，并自告奋勇上前演示。

开始的时候还算顺利，但小庞的那段代码还是出了问题，界面怎么也出不来，他情急之下故伎重演："这部分是小杨写的吧？"上司听了不禁皱起眉头："到底是谁写的？"小杨假装茫然，小庞一看有机可乘，干脆金蝉脱壳，推卸责任。小杨一看时机差不多了，便胸有成竹地上台，沉着地找到了问题所在，上司恍然大悟，原来小杨才是幕后英雄。从那以后，小庞的那套"小人"手段也就再没有什么杀伤力了。

要想平静、安稳地度过每一个工作日，有时候，你就不得不拒绝办公室的小人。你既要拒绝和小人走得太近，也要注意不要让自己成为小人排挤的对象、利益的牺牲品。如果小人的行径太过可恶，严重影响到了我们的事业发展，就要根据情况，巧施妙计，对其进行回击和整治。

不去做八卦的传播者

有一个年轻人喜欢捕风捉影，到处传播流言蜚语。时间久了，周围的人都对他敬而远之了。他也觉得自己做得过分了，就想弥补自己犯下的错误。于是，他找到一位智者寻求帮助。

智者对他说："你去集市上买一只鸭子来，把它的毛拔下来，一片片沿路扔掉。"年轻人照做了。第二天，他再一次找到智者。智者对他说："你去将那些鸭毛都捡回来交给我。"这怎么可能呢？风早就把它们都吹散了！"年轻人说道。"你的闲话也是如此！"智者说道。

可见，传播流言蜚语并不费事，可是一旦传播出去，再想要消除它的影响，就成了一件完全不可能的事了。生活中，没有人会喜欢捕风捉影，随便散发小道消息的人。如果我们是一个流言蜚语的传播者，那么，一旦被人知道后，我们将失掉原有的朋友，并且再难得到其他人的信任。我们因此而失去的不只是别人告诉我们的那些秘密，还有我们的人格。

很多人都觉得在生活或者工作的闲余时间聊聊八卦、发发牢骚是件无伤大雅的事情。但殊不知，我们的这些闲话有可能把我们卷入一场是非之中，打我们一个措手不及。这就要求我们在为人处世时，一定要保持低调，特别是在听到一些不利于团结的传言时，一定要谨言慎行，保持中立，切不可按自己的主观意图随意传播。

尤其是面对职场中的风言风语，我们不可轻信，更不可随意传播。因为，它往往就是别有用心的人搬弄是非、打击别人的手段，如果我们不想被人利用，就一定要谨言慎行，拒绝成为流言蜚语的传播者。

当我们在职场中说话时，一定要提前过过脑子，要用苏格拉底所谓的“三个筛子”筛一下，即“是不是真实的”“是不是善意的”以及“是不是重要的”。拒绝成为流言蜚语的传播者，我们就要做到只说真实、善意且重要的事情，切不可道听途说，听信别有用心的人所说的话，成为他人利用的对象。

但是，“有人的地方就会有流言蜚语”，有时候，我们甚至会在不经意间，就被卷入流言蜚语中。

黄真是一个单纯的女孩子，大学毕业后，顺利进入了一家商贸公司做了一名文员。没有任何工作经历和社会经验的她，很希望尽快和大家打成一片。相处了一段时间后，黄真很快发现，同事们有个坏习惯，就是大家都喜欢聊些飞短流长。

黄真知道这样做不对，但是也不便当面制止他们。很多时候，同事们在不断地说，她只是安静地坐在一边。前不久，同事们都在讨论，说老总是个吃软饭的家伙，一切都是依赖着太太娘家的支持。他们在口若悬河，她心底里却厌恶得不行。正在这个时候，老总出现了，一脸怒气地钻进了办公室。从此，老总再看到当时在场的几个人，都是一副冷峻的表情。

这无疑让黄真刚刚开始的职场之路布满了冰霜，她烦恼不已。不过，她没有急于向老总解释，而是在闲暇时刻意和爱说是非的同事保持距离。比如午休，黄真一个人百无聊赖，但纵使是趴在办公桌睡觉，也不再当“旁听”。

渐渐地，老总开始信任黄真，不再对她冷眼相对。而那些同事却因再一次无中生有，超越了老总心理承受的极限，在付给他们遣散费后，提前解除了他们的合约。

在与同事相处的过程中，如果我们不幸被卷入流言蜚语中，不要去做流言蜚语的传播者，对于别人的秘密或是机密的资料，我们听到、知道后，只要记在心里就行了，要努力做到守口如瓶，不要去散布那些有可能破坏别人名誉或是有损别人声誉的小道消息。尽量不要去亲近那些喜好散布别人坏话的人，拒绝成为他们中的一员。只有这样，我们才会获得更多人的信任，也才能避免因为别人的过失和错误，给自己带来伤害和损失。

俗话说："良言一句三冬暖，恶语伤人六月寒。"流言蜚语往往会给别人带来伤害。在与同事交往的过程中，我们一定要谨言慎行，无论出于何种目的，都应该拒绝成为搬弄是非、传播流言蜚语的人。否则，就只会落得伤人害己的下场。

第七章
在领导面前说“不”的艺术

在职场上，和领导相处是有一定的技巧的。不管我们是服从领导的安排还是拒绝领导的安排，都是有技巧的。在职场中的人可能都会遇到这样的事情，在周末或是临近下班的时候，领导突然通知要安排一项新的工作任务，很多人在遇到这种情况的时候，虽然心里有很大的抱怨、并不想接下这样的工作，可实际上却并不好意思拒绝，总觉得自己拒绝了领导就会给领导留下不服从管理的印象，倒不如自己硬着头皮将事情做完。其实并不是这样的，那些在职场上混得好的人，在面对领导的一些不合理的要求时，都会拒绝。

不共情领导的“坏点子”

有个头脑灵活、创意丰富且热爱工作的老板，是每一个员工的福气。因为，上司的创意说不定可以很快带领公司在业界闯出一片新天地。

不过，如果我们的老板创意过于丰富，甚至随时都有可能冒出稀奇古怪的想法，那就值得注意了。上司不可能总是对的，如果上司的想法和创意明显不具备科学性或可实施性，无论是从自己的利益出发，还是考虑公司的长远发展，我们都应该及时地予以反馈，并巧妙地加以拒绝。因为，如果明知不可行还要执行，就可能让公司耗费人财物力，却一无所获，到头来上司追究责任，可能还会追究到我们的头上。

但是，对方毕竟是我们的上司，如果直截了当地进行批评或拒绝，例如，当众反驳上司“这个方案根本毫无意义可言”“这真是最糟糕的选择”“这个根本就行不通”等，必然会招来上司的不满，如果我们遇到的恰好是个气量狭小、爱记仇的上司，那很可能会因为自己的这一声“不”而丢了自己的工作。

小王在一家日企的广告部门工作。一次，公司需要做一期宣传节目，本来小王已经做好了策划案，可是老总突然出现，并提了一个很臭的想法。如果按照老总的提议去做，不仅不能达到宣传的效果，还有可能根本找不到愿意合作的广告公司。

作为策划人，小王不得不站出来表明态度：“总经理，您这个创意执行起来难度太大，未必有人愿意接。”小王自认已经说得够委婉了，可是老总却马上拉下脸来，一脸不高兴地说：“你没试过怎么就知道难度大？这家广告公司不接可以换另一家啊！方案我给你放这儿了，要怎么去做就是你自己的事了！”说完头也不回地离开了。小王只好硬着头皮执行计划，结果根本没有公司愿意接老总的创意，但最后老总以工作不力为由把小王解雇了。

面对上司的错误决定，拒绝是明智之选，然而怎么拒绝却大有学问。对上司来说，被员工当众拒绝是自尊心与自信心的双重打击，小王正是犯此大忌，才会有这样的结局。

杜梅在一家杂志社工作。进公司没多久，公司就发行了一本新的杂志，可是销量一直不太好。这天，主任把大家召集起来，开了个紧急会议，讨论如何刺激发行量的问题。讨论了一个多小时，也没讨论出一个切实可行的方案。于是，主任对杜梅说：“周六周日组织你们策划部的人上街卖杂志，另外动员员工家属购买，可以打五折。不管怎么样，一定要把销量搞上去！”杜梅一听就想跳起来反对，可是，一想到主任好面子和独断专行的个性，她咳嗽了两声，忍住了。

周五，大家都一脸苦闷地等着杜梅通知加班的时间，她却一下班就急匆匆地走了，好像忘了主任的安排一样。周三，主任来问杜梅卖了多少本杂志。杜梅没有直接回答，而是拿出一份详尽的街头售刊的计划书，上面罗列了需准备的事项，如横幅、宣传单、统一着装等，还有一个经费预支表。主任开始有些不高兴，看着看着脸上逐渐有了笑意，杜梅于是趁机说道：“我仔细想了想，觉得主任您提的建议很好，可是我想，要做就要做好，这也是您常常教育我们的。所以，我周六周日加班赶制了这份计划书。您看看，有没有哪些地方是不合适的，如果您觉得可行，那我就安排下去，逐步实施。”

主任没说话，却拿走了计划书。第二天，主任在公司的例会上表扬了杜梅，说她有敬业精神，有想法，提出的方案也很科学。

杜梅用表面执行、暗地拒绝的方法，渡过了这一难关。有时候，上司会在众人面前心血来潮生出许多想法，过后却多半会在心里衡量它的可行性。所以，即使我们做不到也不要当着众人的面反驳上司，可以表面上答应，暗地里再想办法拒绝。

有句俗话说得好：“倔驴顺毛摸。”拒绝上司的“坏点子”，一个最重要的原则就是不要跟他发生正面冲突。对于上司热衷的“坏点子”，不妨先表示赞同，然后再设法让他看到创意的不足之处。

例如，我们可以这样说：“老板，您的想法很有特色，对于如今市场上的产品是个很好的补充。我觉得要是能把 ×× 和 ×× 这两个问题也考虑进去，一并解决了，应该能更快地打开销售的局面。”这样一来，问题的焦点就从简单的拒绝，转换到了对可行性的探讨之中。

我们要给上司一种印象，不是他的创意不好，而是因为客观条件或是时间上准备不足，而导致创意无法实施或是需要延后一段时间。这样一来，不仅能表明我们的立场，也是对上司的一种鼓励，他下次再有什么新的主意时，就会首先考虑到客观条件是否允许了。

对于上司提出的“坏点子”，一定不能当众直接反驳和拒绝，而应该试着站在上司的角度思考，寻找一种上司可以接受的方法予以拒绝。在提出反对意见时，要先肯定上司的创意，再指出不足，并提出自己的见解和看法，这样的拒绝之道才是明智的。

巧妙应对上司的暧昧行为

在职业场合中，女性职员和男上司接触的机会很多。如果上司因为我们的聪慧、出色、敬业而对我们大加赏识，自然是一件很好的事情。可是，男女之间的关系毕竟是微妙的，如果有一天，我们突然收到上司发来的暧昧信息，或是他对我们有了一些暧昧的举动和言行，我们该怎么办？

程娅在一家医药公司做销售代理，她聪明能干，人也漂亮，自进公司以来，她的销售业绩就节节攀升，因此大受顶头上司、销售部经理李洋的青睐。

一次，程娅遇到了一个要求苛刻的大客户，谈判的时候，由于对方压价很低，让谈判一下子陷入了僵局。程娅就是有一股不服输的劲儿，她没有放弃，而是利用每天中午的休息时间，一遍遍地研究对方的资料，从中挖掘对方的弱点，并一次次地和对方联系，试图用自己的认真和敬业来感化对方。

整整花了一周的时间，顾客终于决定和程娅签订合同，这也是程娅自工作以来拿下的数额最大的订单。下午下班的时候，李洋找到她，说为庆贺她的成功，要请她吃晚饭。

程娅心里高兴，也就一扫往日的矜持，毫不犹豫地答应了。她本来以为还会有同部门的其他同事，到了约定的地点，才发现就他们两个人。程娅有点尴尬，但是也没多想，吃饭的时候，两个人聊了很多，气氛也很轻松愉快。

吃过饭，李洋说天还早，邀程娅去跳舞，程娅觉得和自己的上司去那样的场所实在不合适，便借口和朋友有约推辞了。

但是，后来，李洋便经常以庆祝程娅的出色表现和业绩为借口，请她吃饭、泡酒吧、打保龄球。程娅拒绝了几次，可是李洋热情不减，她也担心不小心惹恼了他会丢了工作，心里苦恼不已。

李洋每次出差都会给她带些别致的小礼物，有时候甚至会当着其他同事的面给她。时间久了，程娅便发现背后有人指指点点了，私下里议论她和上司之间的关系不简单。相恋两年的男友听到传闻后也对她怀疑不已，跟她大吵了一架。程娅发现自己真的是有口难言，不知道要怎么办才好。

这样的事情在职场中屡见不鲜，面对男上司的这些带点儿暧昧的行为，比如，单独送你礼物，单独邀你吃饭、跳舞，即使他并没有非分之想，你也要小心注意，因为这往往是以后不寻常关系的前奏。

在面对此类情况的时候，一些人通常会被动地接受，因为怕上司以后在工作中找自己麻烦，或者对自己的发展前途有影响。可是，这样的处理方式，常常会让事情变得更糟，有时候甚至闹得沸沸扬扬，跳进黄河也洗不清，让自己后悔莫及。

聪明的人知道，在办公室生存要懂得变通，更要坚守一定的原则。工作中应该服从上司的安排，但其他方面更要学会以诚相待，不卑不亢，该拒绝的时候就拒绝。其实，拒绝上司并非一定是坏事，许多时候反而能让上司发现我们的成熟和矜持，让他对我们的自尊自重产生欣赏和敬重，也有助于抬高我们在他心中的地位。

只是在拒绝的时候要委婉一点，要懂得给上司留面子。比如，我们可以找借口推托，“今天身体不舒服”“已经约了朋友”“家里还有点事情”等。几次之后，聪明识趣的上司也就知道我们的意思了，就不会再缠着我们了。如果我们实在没有勇气拒绝他的邀请，那么，我们可以在赴约的时候拉上朋友、同事，或者可以坦诚地和他谈一谈，说说这种交往带给我们的烦恼，如果他真的没有非分之想，相信他会理解我们，并会为我们考虑。而如果他的确是心怀不轨，我们就更应该义正词严地拒绝了，千万不能因为担心丢工作而将自己置于危险之中。

对于上司的暧昧言行，职场中的女性应该学会巧妙地应对。不仅要多注意自己的言谈举止，与上司保持适当的距离，还应该懂得巧妙拒绝，千万不能因为瞻前顾后，不敢拒绝。在拒绝的时候，一定要委婉，选择适合的方式，既不能伤了对方面子，也要给自己留有余地。

用态度回应领导错误的工作安排

有的职场领导很容易犯主观主义的错误，容易把不该让下属做的事当作下属应该做的事，把无理要求当成分内要求。有些时候，上司的出发点是好的，之所以给我们安排工作，是因为器重我们，想要给我们更多的机会，只是可能他对我们的能力和情况不够了解，好心办了坏事。

小柳在一家外贸公司工作。因为小柳为人热心，工作认真，加上她又是公司最漂亮的单身女孩，上司觉得她很有潜质，有意栽培她，所以，每次约见重要客户的时候，上司都会带着小柳，小柳已经成了公司里有名的“交际花”。

刚开始的时候，小柳很感激上司，但是渐渐地，小柳发现除了谈生意，上司还会要求她陪客户去唱歌、泡温泉。这种应酬最直接的“后果”，是小柳经常被一些真心或假意的男人骚扰。小柳每次想拒绝，上司都会发话说：“这是重要客户，不要得罪他们。”很多时候，小柳都忍着，不知道该如何拒绝上司，该如何拒绝客户。

一次，小柳在工作中认识了一位三十多岁的“钻石王老五”刘总，刘总不仅在见面的时候会对小柳说一些暧昧的话，还频频向小柳发出私约邀请。出于不得罪的规矩，小柳只好随叫必到。渐渐地，刘总的爱情攻势更加猛烈，由于在工作上还有求于人，小柳不好把关系弄得太僵，不禁进退两难。

一个周末，刘总又以工作为由，把小柳约了出来，硬逼着让小柳表态。小柳只好告诉他自己已经有男朋友了，没想到刘总哈哈大笑起来："我早就问过你们老板了，他说你还是单身。"小柳对于上司随便泄露自己隐私的做法很不认同，费了好大的工夫才脱了身。

小柳想来想去，决定和上司好好地谈谈。她找到上司，开门见山地说道："老板，我很感谢您对我的栽培，能得到您的器重，是我的福分。可是，我不喜欢这样的工作方式，我不是交际花，如果工作需要我去出席某种场合，那么我可以去，但是像这样的骚扰我不希望再有。我想，每个人都需要自己的私人空间，我也希望您能尊重我的隐私，不要将我的私人情况告诉给客户。这段时间我觉得很累，想好好休息一下，您能不能给我三天假期，让我好好清静一下？"

上司有些吃惊地看了看小柳，没想到向来少言温顺的她会说出这么一番话。不过他很快地点点头，微笑着对她说："对不起！是我考虑不周，让你为难了！"

在职场中，很多人都会遭遇上司提出的无理要求。"量力而为"是我们都懂的道理。明明感到是难以完成的任务，只因是上司的安排和委托，就不得不接下来，这样就显得过于软弱了。那么，应该怎样合理地拒绝上司错误的工作安排呢？

黄安是公司的一名中层干部，最近负责一项权责以外的工作，弄得头昏脑涨。因为是第一次经手工作，不明白的地方很多，所以常常需要在思考上花费很多时间，导致工作进度很慢。偏偏在这个时候，上司又要求他去参加拓展业务的研讨会。

黄安一听头更大了，不自觉地就用比较强烈的口气拒绝说："不行啊！我现在根本就没时间参加什么研讨会！"上司听后，很不满地说："好吧，那从此以后就不再麻烦你了！"

显然，黄安不留余地当面拒绝，让上司的面子很挂不住，激起了上司强烈的不满情绪。遇到这样的情况，首先要按捺住一时的冲动，因为在拒绝时，最忌讳的就是马上说“不”。当上司要求我们去做某件事时，即使真的没时间和精力，也要按捺住当时的心情，感谢上司的厚爱，然后再委婉地拒绝：“真对不起，我虽然很想去，可是我现在正被一项新工作搞得头昏脑涨，所以您看……”

倘若因一时冲动说了不该说的话，也要马上请求对方原谅，并给出善后政策。以黄安为例，他的反应明显已经伤害了上司的自尊心，就要马上表示歉意：“对不起，我被工作搞得脾气太大了……”一般情况下，当下属低头道歉时，上司都会对自己的举动表示反省，这样才有可能让我们与上司的关系重新好起来。

当我们由于个人原因不能应付其他工作时，要告诉上司我们的实际情况，然后保证会尽力将正常的工作处理好，但超额的工作应付不了。而且在上班时要全力以赴，让上司看到我们的工作效率。

一般来说，上司让我们办事都是因为相信我们有解决问题的能力，对我们抱有期望。我们可以适当地讲一讲自己的短处，这样就能降低上司的期望，同时也能为我们的拒绝找到很好的解释。在拒绝时，我们可以采取先肯定后拒绝的策略，给对方一个“软着陆”的机会。“软着陆”多用连接词来承上启下，例如，“我知道，您这是给我机会表现，我也很感激您。不过……”等。“软着陆”后最好要为上司寻找其他的人选和解决方案，这样不仅能够消除因拒绝给对方带来的不快，还能给上司留下一个顾全大局的好印象。

拒绝上司错误的工作安排时，一定要注意自己的态度和措辞。首先应该表示对上司的感谢，然后再详细说明拒绝的原因，要让上司改变主意，最重要的就是取得他的理解。让上司理解我们的苦衷，并积极为上司出谋划策，另寻出路，上司对我们也就不会有太多的不满和苛责了。

和上司共事要有勇有谋

上司委托我们做某事时，我们要多加考虑：这件事自己是否能胜任？是否不违背自己的原则？考虑清楚了再做决定。如果只是为了一时的情面，或者害怕领导生气，而将无法完成的任务揽到身上，那么，我们之后的处境就会很艰难，等到我们为办不成事而感到懊悔不已时，就太迟了。

尽管在工作中，下属要接受上级的领导，但下属也有自己独立的人格，有拒绝的权利。另外，每个人的能力都是有限的，没有谁是无所不能的，如果上司给我们提出的要求是不恰当的，或是我们能力之外的，我们完全可以很明确地表明态度，说：“对不起！我不能接受！”

当然，拒绝上司更需讲究方式，要既表明立场又不得罪上司，没点巧思可不行。上司提出难办的事时，若直言“做不到”，或许会让上司颜面受损、感觉不受尊重。这时，不妨提一件类似的事，让上司自行察觉难度，进而主动放弃该要求。

有一天，秦王听信奸臣挑唆，要吃公鸡下的蛋，命令满朝文武想办法去找，三天之内找不到大臣都要受罚。当时的宰相为这事愁眉不展，整日唉声叹气。他的孙子甘罗看到后，便上前问他：“爷爷，您碰到什么难事了？”宰相把事情说给甘罗听后，甘罗气愤不已：“这也太不讲理了！”他想了一会儿，突然眼睛一眨，想了个主意：“爷爷，您别急，我有办法，明天我替您上朝好了！”

第二天，甘罗真的替爷爷上朝了。他不慌不忙地走进宫殿，向秦王施礼。秦王很不高兴：“小娃娃到这里捣什么乱！你爷爷呢？”甘罗说：“我爷爷今天来不了啦，他正在家生孩子呢！托我替他上朝来了！”秦王听了哈哈大笑：“你这孩子，这不是胡说嘛，男人哪能生孩子？”甘罗回道：“既然大王知道男人不能生孩子，那公鸡怎么能下蛋呢？”秦王无言以对，当然也就放弃了自己的无理要求。

不得不说，甘罗的拒绝是智慧的，没有直接说“不”，而是让秦王自己意识到所提的要求是多么荒谬可笑。也正是因为如此，秦王才有“孺子之智，大于其身”的叹服。

如果上司要求我们做某件事，我们不得不拒绝，可是却因为种种原因不能直接说出口，不能明确表明自己的态度，该怎么办呢？如果遇到这样的情况，我们不妨拜托其他几位同事，和我们一起到上司那里去，用小群体替我们做掩护，委婉而明确地对上司说“不”。

在去找上司之前，我们需要和同事商量好，谁是赞成上司的那一方，谁是反对的那一方。在上司面前，我们可以让双方先进行争论，差不多的时候，我们再出面轻轻地说一句：“这样看来，可能真是太牵强了！”

这样一来，因为我们的观点靠向反对的那一方，也就可以不必直接向上司说“不”，却又表明了自己的态度。这种方法会给人“你们是经过激烈讨论后，绞尽脑汁才下结论”的印象，而包含上司在内的全体人，都不会有哪一方感觉受到了伤害，上司会很自然地自动放弃对我们的命令。

拒绝上司是一门学问，一定要讲究分寸和策略。既要表明自己的立场和态度，又要顾全上司的权威和面子。要了解上司的性格和行事作风，再根据实际情况选择合适的措辞和拒绝方式。只有这样，才能赢得上司的好感，不让自己陷入进退两难的境地。

对无法完成的工作要有明确态度

严飞上大学时为人热心，性格豪爽，不管是谁需要帮忙，他总是二话不说就伸手援助。毕业之后，他也将这种习惯带到了办公室，无论谁找他帮忙，他都会胸脯一拍，应承下来。

这天中午，经理突然打电话让严飞去他的办公室。严飞刚到公司两个月，还有一个月才过试用期，就只在新员工入职欢迎仪式上见过经理一次，突如其来的电话让严飞的心里七上八下的。

忐忑不安地敲开经理的门后，严飞小心翼翼地问道："经理，您找我？"经理笑着回答："严飞啊，不用紧张！叫你来呢，是想请你帮个忙！"严飞一听，心里高兴了，经理找自己帮忙，是不是代表他重视自己呢？严飞马上回答道："经理，您说吧！我一定尽力！"

原来，每到年底，财务部都会为了报税而忙碌不已。可是就在这个紧要关头，财务部的一个员工却突然生病住院了，原本就不充足的人手一下子变得更吃紧了。眼看申报在即，许多账目却都还没核算完毕，经理急得如热锅上的蚂蚁。

正在这时，一个和严飞关系不错的同事说了句："严飞好像学过会计，要不要叫他来帮忙？分给他一些简单的计算工作，应该没问题！"经理一听，觉得可行，这才这么着急找到严飞，打算把他暂时借调过去。

听到要帮忙理账，严飞毫不犹豫就答应了："放心吧，经理！我一定做好！"经理听了他的话后，满意地点点头。为了能给经理留个好印象，严飞几乎是立刻就放下手头的工作，投身到令人眼花缭乱的数字海洋当中。

严飞大学时的确学过财务管理，可是学的都是一些很基础的知识，还是大二时候学的，而且从来不曾派上用场，计算技巧生疏了不少。看着堆积如山的账簿，严飞急躁的脾气又上来了，为了加快效率，他凭着自己模糊的记忆，开始用在大学学到的“快捷算法”来算账。

严飞只用了大半天的时间，就把财务部同事交给他的账目核算清楚了。不过，严飞运用“快捷算法”计算出来的结果与实际情况相差太大，财务总监审核的时候，发现数目不对劲，经过细细核对，才察觉严飞做的账目，计算方法完全不对。财务部全体人员不得不彻夜加班，重新整理，才修正了错误，避免了数十万元的损失。

虽然结果还算是好的，可是财务部全体人员为此耗费了双倍的精力，严飞也因此受到了经理的严厉批评：“你不能做，就应该实话实说，为什么要逞能呢？你早说，我们还能找其他的人。你看看，因为你一个人，公司浪费了多少资源？”因为这件事，严飞差点丢了工作。不懂得拒绝力不能及的任务，让他终于尝到了苦果。

俗话说：“没有金刚钻，别揽瓷器活。”上司交代你额外的任务，请你帮忙做事，是好事，也是你表现自我的好机会。可是，要接受任务，前提必须是自己有完成任务的能力，如果上司交代的任务完全超出自己的能力范围，还要硬充好汉，或是因为其他原因不敢拒绝，那么就只能是越帮越忙，越做越糟了。最后不仅不能给上司留下好的印象，还可能让上司觉得我们做人不诚实，缺乏责任心，严重的甚至会因此而丢了自己的工作，那就真的得不偿失了。

在工作上，我们一定要对自己的实力有一个客观、清楚的认识，知道哪些事情是我们所擅长的，哪些是我们所不能胜任的。当上司给我们安排工作和任务时，我们在高兴之余，应该让自己冷静下来，想一想下面这些问题。

其一，自己手头的工作是否已经完成？

其二，工作的内容是否在自己能力范围之内？

其三，如果自己因为特殊情况无法完成，对方是否有第二种选择？

其四，完成任务后，会不会因为后续维护等问题耗费自己大量的时间和精力？

其五，如果结果不能让上司满意，会不会给自己带来不良的影响？

我们首先要把这些问题梳理清楚，才能做出属于自己的决定，绝不能因为一时的冲动，或是担心拒绝他人而勉强自己接下。倘若经过仔细思考与权衡，发现接手这项任务对我们而言弊大于利，便不必犹豫，而要果断拒绝。

就拿严飞来说，他完全可以对经理据实以告：“经理，谢谢您能想到我！我也很想帮忙，可是我只在大二的时候学过一些基本的财务知识，从来没有过实际的操作，现在也都忘得差不多了，我要真的去帮忙，就是添乱了。”这样一说，经理自然不会不高兴，还会因为他的坦诚和大局观而对他另眼相看。

当然，如果可以，在拒绝完以后，我们可以向上司提出其他的解决方案，为上司分忧解难。比如，为上司推荐更佳的人选：“经理，您可以问问小于，他大学时候学的就是会计专业，也有这方面的实习经验。”我们要是能帮助上司分忧，上司也一定会记住我们的功劳。

“没有金刚钻，别揽瓷器活”，在职场中，敢于挑战自我，积极进取是值得肯定的。但是，对于上司交代的工作，一定要量力而行，否则不但无益，还有可能带来损失。因此，对于自己无法完成的工作，就应该及时、果断地加以拒绝。

巧妙应对毫无意义的加班

曾经有一度，有这么一个段子很流行：“人世间痛苦的事，莫过于上班；比上班痛苦的，莫过于天天上班；比天天上班痛苦的，莫过于加班；比加班痛苦的，莫过于天天加班；比天天加班更痛苦的，莫过于天天免费加班……”随着生活节奏的不断加快，人们的工作压力也随之增加，加班已经成了现代上班族的家常便饭。

萧强之前在一家私企工作，由于公司的规章制度不健全，凡事都是老板一个人说了算，所以，只要老板一句话，员工就得乖乖留下来加班。在公司工作一年多，萧强从来没有一天准点下过班，有时候连周末也得陪着老板到处去应酬。因为这个，女朋友跟他抱怨了很多次，有两次还闹着要分手。

认真考虑后，萧强决定辞职。辞职后没多久，他就被一家外资企业录用了。原本想着到了新公司，只要能尽力完成自己的工作，应该就可以有更多的时间陪女朋友了。没想到，新上任的上司一心想要趁此机会扩大公司的业务，打算兼并几家小公司。于是，萧强又开始了没日没夜的加班生活，甚至有时候回到家已经是凌晨了。最让萧强不能接受的是，有时候明明没他什么事，他也不能提前走，用上司的话来说，就是“随时待命”。这样无端地加班，不仅影响了萧强的心情和工作效率，还影响了他的生活，女朋友经常觉得委屈，而他也常常心怀愧疚。

萧强只是广大“加班大军”里的一员。虽然工作免不了加班，但有时候，只要我们稍加分析就会发现，上司安排的加班任务并非都是必要的。而对于那些毫无必要的加班要求，我们完全可以巧妙地加以拒绝。这不仅是我们的权利，也是一种平衡之道。

公司里的不少同事都很羡慕小宇，因为她很少加班。其实，刚到公司的时候，老板也常常要求小宇加班。小宇刚来的时候，因为是新人，她也不好拒绝。但等她熟悉了工作内容和工作流程后，她就发现，很多时候，加班完全没必要，老板的担心也是多余的。这之后，老板再要求她加班，她就会开口拒绝。

有一次，小宇正准备下班，老板叫住她，并对她说："小宇啊，这个项目比较着急，又是公司的一个大客户，不能怠慢了。这样吧，你这周六还是到公司来，把它做完吧！"那个项目确实很重要，可是她已经做得差不多了，只要在周一上午写篇总结就行了，根本没必要加班。

于是，小宇便笑着对老板说道："老板，这个周末我有事，真的不能来加班。不过您放心，所有的资料都已经备齐了，下周一下午我就可以把报告做完。客户周三才到，我还有一天半的时间可以复核审查，保证没有问题！"老板虽然有些不高兴，不过也没有再为难她。后来，她也确实按要求圆满完成了任务，老板因此还表扬了她，说她办事认真，有效率。这之后，再遇到这样的情况，只要她向老板保证，一定能准时完成任务，老板也就放心地不让她加班了。

其实，上司通常不需要知道我们的工作过程如何，而只想看到结果。如果我们能像小宇一样作出这样的保证，他也就不会再为难我们。不过我们也要注意，我们的这份承诺也就意味着给了上司一个可以接受的最后期限，倘若我们没能按时按量地完成工作，那我们就很有可能会失去上司的信任，不得不承受失信的苦果了。

有时候，上司总让我们加班，很有可能是因为他觉得我们好说话，或是我们的私事相对较少。如果是这种情况，那我们就可以直接告诉对方：“对不起，我今天恐怕无法加班，我想回家陪陪父母。”如果上司态度强硬，我们完全可以拿事实说话：“我的加班时数远远超过其他同事，很多时候做的都不是我的分内工作，我也需要有自己的生活空间。”不用担心强硬的态度会让上司不满，因为很少有上司会喜欢一个毫无骨气的员工。一个聪明的上司，如果他知道我们不是个能够被随意使唤的人，敢于保护自己的权益，他对我们的好感反而会上升。

在拒绝加班任务的时候，我们应当掌握这几个要点：一是拒绝的时候，态度应当坚决，不给上司任何说服自己的机会；二是应当强调加班对工作的不良影响，而不是过分以私事为借口；三是拒绝之后，应当提供解决的方案，例如，承诺完成的时间或是找人代替等。

毫无必要的加班，不仅不能提高工作效率，还会严重影响我们的正常生活。对于上司提出的无端加班要求，我们要学会进行甄别，判断他是针对所有人，还是只是盯着我们一个；是因为器重我们，还是因为我们好说话。搞清楚情况之后，再灵活应对，巧妙拒绝。

不让上司随意插手自己的工作

工作中经常会遇到这样的麻烦：原本是我们一直在执行的项目，却在即将完成的时候被上司临阵易帅。于是，所有的辛苦都由我们一人承担，而功劳则通通归入后来者名下。

又或者，在我们工作的时候，控制欲超强却什么也不懂的上司总是喜欢监督我们，对我们的计划和决定指手画脚，这里提点意见，那里给点补充，弄得我们手忙脚乱，无所适从。等到结果好不容易作出来了，却乱了章法，完全无法交给客户。

有时候，我们可能还会遇到这样一种情况：明明我们已经对自己一周的工作做了合理的安排，一切也如预期一样有条不紊地运行。可是上司却突然“杀”出来，今天让我们做这个，明天让我们做那个，尽管那些都是我们的工作，可是上司的安排完全打乱了我们的计划，大大降低了我们的工作效率。

无论遇到上面的哪一种情况，我们最明智的选择都只有一个字“不”！毕竟每个人都有自己的本职工作，这个范围就是我们的地盘，不能随意越界，更不能随便让人侵入。如果上司的插手确实能提高我们的工作效率，那倒也是好事。但如果上司根本不了解情况，只是一时兴起，就随意插手我们的工作，那么我们就应该选择适当的机会明确拒绝。因为，如果我们不能坚持原则，在上司的插手下，把工作做得一团糟，那么我们就不得不为上司背上黑锅，承担本不属于我们的责任了。

如果我们遇到第一种情况，我们就应该及时地找到上司沟通，听听上司这么做的理由。如果他的话完全不能说服我们，而且他这么做并不能给公司带来任何好处，那么，作为项目的负责人，我们就应当果断地加以拒绝。我们可以这么说：“老板，我知道您很重视这个项目，您一直以来都是一个注重大局的人，这一点我一直都很佩服您！但是，我想张明恐怕不能胜任目前的工作，因为老板的信任，一直以来都是我在与客户联系和交涉，所有的项目细节我比谁都更清楚，而且客户对我也比较信任。我有什么做得不够好的地方，老板您可以直接给我指出来，我相信在您的信任和支持下，我一定能圆满完成任务！”这样既能表达对他的理解，又能阐明拒绝的理由，还能表明自己完成任务的决心。

如果上司还是一意孤行，我们可以对他言明相关的利害关系，让上司知道换人后可能会给公司带来的不利后果，并告知，如果执意要换人，一切后果都与我们无关。这样一来，上司自然会认真考虑再做决定了。

如果上司是因为对我们的能力产生怀疑而插手我们的工作，那我们就可以主动找到上司，用自己的行动和成果给他吃一粒“定心丸”。在摆事实的同时，不要忘了告诉他：“老板，在这个项目中，您给了我不少指导，真的让我获益良多。不过既然您已经指派我完成这份任务，就请您充分相信我的能力。如果您能给我一定的自由空间，我保证可以给您更大的惊喜！”

有时候，上司之所以插手我们的工作，是为了更好地掌握我们的进度。对于上司因为过分着急而出现胡乱指挥的情形，我们最好的做法就是主动找上司沟通，把我们的计划详细地汇报给他，并积极地汇报工作的进展情况，让他对此有一个全面而清晰的把握，以确保上司心中有数。

如果我们明确表明了自己的态度，可是上司却依旧固执己见，不愿意放手，而我们又不想和上司有正面的冲突，不想把关系闹僵的话，我们就应该选择积极配合，建设性地做事了。如果上司的插手是正确的，那就遵从上司的意见；如果上司的做法确实是错误的，甚至是乱弹琴，而他也不愿意接受我们的建议，我们也不要气馁，而应该通过自己的努力，把上司错误做法带来的负面效果降到最低。

在职场，每个人都应该有自己的位置，有自己的职责范围。对于我们的本职工作，我们有义务去尽心做好。如果上司随意插手，我们应该及时地与上司进行沟通，了解上司的意图，并对症下药，巧妙加以拒绝。只有守好自己的地盘，才能在自己的职位上作出更大的成绩。

敢于对误解的批评说“不”

谁都不愿意被上司批评，更不愿意上司当着同事的面批评自己，尤其明明不是自己的错，却莫名其妙被上司训斥一通，则更是让人委屈恼火。

这天，小张在办公室里做分析，上司突然走进来，满脸不高兴地问他：“小高呢？”因为小张一直都在专心地工作，没注意，于是便抬头回了句：“我也不知道啊！”上司听了小张的回答后，脸色更难看了，他拉长声音说道：“不知道？那你知道什么？在一个办公室对面坐着，他人不在，你不知道他去了哪里？”

小张听了心里很不是滋味，他向来是个藏不住事的人，心里怎么想，脸上就都写着。上司一看他的脸色，顿时火冒三丈，冲他吼道：“怎么？说你两句心里就不高兴了？说你也是为你好！怎么到头来，我还要看你的脸色？”这下小张更生气了，一冲动就和上司吵了起来：“我这么认真地工作，难道不是为了公司吗？你一来就问小高，虽然我们对面坐着，但是他也不会去哪里都向我打报告吧？”上司一句话都没说就甩手离开了。

其实话一出口小张就后悔了，他想，可能上司是因为比较着急才会迁怒于他，可是一切都已经晚了。从那以后，他明显感觉到上司处处针对他，只要他犯一点小错，上司都要当着众人的面狠狠地批评他。有了上次的教训，小张也不敢再开口辩驳，可是一味地忍气吞声又让他觉得憋屈，他也不知道自己该怎么办，怎样才能改变与上司之间的关系。

事实上，与上司较真，只会让自己今后的处境更加尴尬，因为，即使是开明的上司也很注重自己的权威，都希望得到下属的尊重。但总是忍气吞声，我们就不得不经常为他人的错误买单，自己委屈不算，如果事情总是不清不楚，上司对我们的印象可能就会越来越差。

对上司莫名其妙的批评，我们可以而且应该说“不”，只是这个“不”要说得有智慧。既能向上司证明自己并没有错，又不会让上司下不来台，这样，我们才算是打了一场完美的胜仗。

阿梁工作的公司规模不大，但是内部矛盾却很多，关系很复杂，一不小心，就有可能遭到同事的“暗算”。

一天，正在工作的阿梁被上司叫到了办公室。上司指着一份文件问他：“这是你做的统计吗？”阿梁拿过来看了看，心想：“这个统计我可是下了不少工夫的，而且同事小李拿过来的资料我都一一核对了，不可能会有问题的呀？”于是，他沉稳地回答：“是我做的，我花了整整两个工作日完成的！”上司听完后，看了他一眼，问道：“是吗？两个工作日？那不短呀！可是，你怎么还有遗漏呢？那么重要的信息，都没有记录？”连续几个问号差点把阿梁问晕了，他想开口询问，又想起刚来的时候，同事们对他说过的：“上司脾气不好，万一被批评了，就保持沉默，沉默是最好的法宝。”于是，阿梁便压下了心底的疑惑，低着头不说话。

上司看到阿梁这样的反应，觉得阿梁是认错了，气也消了不少，语重心长地对他说：“做事情一定要稳重，不能想当然，一定要懂得下功夫，将所有的资料都统计清楚……”

“把所有的资料都统计清楚？难道我丢了什么？”细心的阿梁意识到，问题应该不是那么简单。于是他语气诚恳地问道：“郭总，我想知道，您说我漏了重要的资料，那是什么呢？”察觉到上司又有生气的迹象，阿梁赶紧解释道：“我不是不服气，而是想知道自己错在哪里，这样也有利于我更好地更正错误！”

上司没再说话，而是找出他漏的资料递给他，阿梁一看心里更是清楚了，他委屈地对上司说：“郭总，不是我推卸责任，可是这个资料小李压根就没有给过我呀！我这也是第一次看到。”上司听后愣了一下，很快打电话把小李叫了进来，让他俩当着自己的面核对了一番。小李很快承认了自己错误，上司把小李狠狠地批评了一通，还当着小李的面给阿梁道了歉。

只要我们是上班族中的一员，就难免会有被上司批评的时候。被批评的原因有很多，有可能是我们的原因，也有可能是我们被陷害，还有可能是我们得罪了上司。如果是自己做错了，就应该认真地向上司道歉，接受上司的批评，从中吸取经验教训。

如果不是自己的错，也要先控制好自己的情绪，保持冷静，避免情绪化的冲突。不妨先耐下心来，认真听听上司的批评，弄清楚是怎么回事，找到问题的关键所在。只有先听，上司才会给我们发言的机会，也才能用心倾听我们的辩解。

在为自己辩解的过程中，一定要注意语气和措辞，要充分照顾到上司的尊严和权威，应该尽量避免说“我没有错”“您这样是不对的”“完全不关我的事”这样的话。你可以说：“我也知道您说我是为我好，我有做得不对的地方，一定会及时地改正。不过……”先表明自己对上司批评自己的态度，再解释事情的缘由，这样的辩解往往更能取得预期的效果。

没有人喜欢莫名其妙地被他人指责和批评。在工作中，做错了事，认真接受上司的批评是应该的，但是如果因为害怕拒绝，就无端承担不该自己承担的错误和误会，那就完全没必要了。当受到上司的错误指责时，我们完全可以冷静下来，在顾全上司面子和权威的前提下，巧妙地加以应对，有理有据地为自己辩解，这样可以既不得罪上司，也维护了自己的尊严和清白。

第八章
让客户知道我们的边界感

在工作中，尤其是跟客户交流的时候，由于客户与销售人员的立场很难保证一致，客户也必然会提出一些比较“过分”的要求，针对这些“过分”的要求，如果应对得不及时或者方法不当就会将客户直接推到竞争对手那里，这不是任何一个销售人员希望看到的。那么在与客户打交道的时候，究竟该如何拒绝客户的“过分”要求？相信本章讲述的方法与故事一定会让我们获益匪浅。

巧应对客户的降价要求

在与客户的谈判与合作中，讨价还价是难免的，也是正常的。要想达成合作关系，双方适当的让步是必要的，但是，如果客户提出的降价要求明显超过了我们的承受范围，就需要拒绝。在拒绝客户的降价要求时，不能一概否定，死板甚至是粗鲁地回绝，这样只会伤害对方，让谈判陷入僵局，甚至直接导致生意的失败。高明的拒绝应该是审时度势、随机应变、有理有节地进行，让双方都有回旋的余地，以最终达到成交的目的。

那么，当客户提出不合理的降价要求时，应该怎样拒绝呢？下面就介绍几种方法供大家借鉴和参考。

如果客户在价格上持有异议，可以明确指出产品的最大优点，比如，性能、外型、包装、售后服务、支付方式等，并针对这个优点进行证明或说明，从而把客户注意力的焦点转移到产品的优势上来。

运用这种方法，就一定要抓住客户对这个产品的主要需求和利益点，只有这样才能有针对性，才能更好地说服客户接受己方所提出的价格。

在商场，我们常常会遇到这样一种情况：客户因为价格问题，难以爽快地作出决定，一旁的销售人员则不断地催促，或是一味强调自己的价格最低，希望以此换来客户的妥协。殊不知，这些不仅不能消除客户的顾虑，往往还会引起客户的反感。

所以，在拒绝客户的降价要求时，一定要从客户的角度出发，强调商品本身对客户的价值和利益。在阐述利益时，一定要让客户知道，己方并非仅仅是为了销售而介绍产品和阐述利益，而是站在客户的角度，帮助客户选择合适的产品。

要学会收集有利于产品销售的“证据”，如广泛收集和整理出可证明产品价格合理的证据和资料等，以建设性的意见向客户证明价格的合理性。在说服客户时，不仅要证明产品品质好，还要让客户认为“钱”花得有价值。

可以向客户提供其他客户购买的证据及产品的口碑，或是将客户填写的“产品满意调查表”装订成册，拿给客户看，让客户了解到其他客户的评价，以及我们是如何为客户服务的等内容。在向客户证明产品品质时，还可以展示公司的相关工艺、设备以及科研成果证书和专利项目的证书等。

对于那些对价格死死纠缠不放的客户，尽管已经作出了相应的让步，对方还是不满意时，我们可以借用外力的方法来达到拒绝的目的。比如，我们可以借助上级领导的帮忙，把这种较为棘手的价格问题转移给领导；或者我们还可以和领导演双簧，让客户感觉这样的让步的确不容易，从而接受我们的条件。

在拒绝客户的降价要求时，还可以采用先紧后松的方法。比如，销售员在确定了顾客的购买欲望后，对于顾客的降价要求，可以先以坚定的口气，心平气和地向客户解释不降价的理由，然后再根据客户的态度逐渐改变还价的策略。

一位客户看上了一款诺基亚手机，又觉得价钱太贵，便问销售员：“这款手机能不能便宜点？”销售员微笑着回答：“先生，真的很抱歉，这款手机是新款，是不打折的。您也知道，这款手机，质量上是从不打折的，而且这款手机功能比较多，性价比是很高的。”

客户点点头说：“就是因为看中它的质量和功能才来买的。我刚从××

电器那边过来，同样的品牌，同样的型号，你们这边怎么比他们的贵呢？”

销售员笑着说道：“嗯，我们在价格方面确实比 ×× 电器贵了 50 元，这是因为，我们的赠品是 2G 的卡，而他们是 512M 的卡，这两种卡单独购买的话，价格上相差了将近 100 元。所以，总的算来我们还是比他们的更便宜。”

客户半信半疑地问道：“是这样吗？”销售员一边拿赠品一边对他说：“是这样的，您要是还不放心，可以再过去确认一下。”客户想了想说道：“我还是觉得贵了点，能不能照着那边的价格卖给我一部？”

销售员回答：“先生，看得出来您是诚心想买这款机子。在价格方面我做不了主，你等一下，我打电话给我们老板，试着帮您争取一下？”最后，在销售员从老板那里“争取”到便宜 50 元的情况下，客户高高兴兴地交了钱。

化整为零，就是把产品的价格按产品的使用时间或计量单位分至最小。这种方法的突出特点是，细分之后并没有改变客户的实际支出，但可以使客户陷入“所买不贵”感觉中。

在与客户讨价还价的过程中，面对客户提出的不合理的减价要求，我们应该予以拒绝，但要注意方式方法。只有根据客户对价格要求的松紧程度，以及客户关心的问题和焦点，选择适当的方式，灵活地加以应对，才能达到事半功倍的效果。

用迂回法来实现谈判目的

在与客户谈判的过程中，有时候可以采用迂回补偿的方法来达到拒绝的目的。所谓“迂回补偿法”，是指在拒绝对方的同时，给予某种补偿的谈判拒绝策略。

迂回补偿法中所说的补偿往往不是“现货”，即不是可以兑现的金钱、货物、某种利益等，相反地，可能是某种未来情况下的允诺，或者提供某种信息（不必是经过核实的、绝对可靠的信息）、某种服务（例如产品的售后服务、产品出现损坏或者事故的保险条款等）。

谈判中有时仅靠以理服人、以情动人是不够的，毕竟双方最关心的是切身利益。面对对方提出的不合理要求，如果断然拒绝，很有可能会伤害对方，甚至激怒对方，让谈判陷入僵局，甚至导致交易终止。但是，如果我们在拒绝的同时，能在能力所及的范围内，给予对方适当的优惠条件或补偿，往往会取得曲径通幽的效果。

吴森有一家自己专门经营钢材的公司。有一个时期，由于市场上的钢材供应量紧张，吴森公司的生意因此也特别好，赚了不少钱。一天，好朋友刘强找到吴森，说急需一吨钢材，希望吴森能帮他这个忙。吴森和刘强过去关系一直都不错，近两年来由于工作太忙疏于联络，感情才淡了些。

从两人的交情上来说，吴森非常愿意帮这个忙，但在商言商，刘强提出来的条件实在太过苛刻——他要求吴森能在价格上给他特别的优惠，要比市场上的批发价还低 10%。如果按这样的价格成交，公司根本没什么利润可言，但要是直接拒绝，又会伤害到彼此之间的交情，怎么办呢?

最后，吴森终于想到了一个办法。他抱歉地对刘强说：“兄弟，真是对不住！你也知道，我们公司经营的钢材是以千吨为单位的，实在没办法单独拆开一吨来给你。不过，这里有一家专门经营小额钢材的公司，这家公司虽然规模不大，但产品的质量很好。我们公司常和他们有业务上的往来，我和公司的老板关系还不错，你去他们那看看。我会提前和这家公司的老板打个招呼，让他以最优惠的价格卖给你，你看这样行不行?”刘强原本有些不高兴，后来也觉得吴森的建议可行，便拿着吴森给他的地址，高高兴兴地去找那家小公司了。最后，刘强以批发价买到了一吨钢材，解决了燃眉之急。

吴森就是采用迂回补偿的方法，在拒绝的同时，为对方提出了新的解决方案，并表示愿意尽量提供帮助。这样一来，朋友虽然遭到了拒绝，但因为得到了“补偿”，解决了问题，因拒绝而带来的不快也就被冲淡了，甚至还会对吴森心怀感激。

当客户觉得产品的价格偏高，希望降价时，我们也可以在拒绝的同时，提供一些额外的赠品或服务来进行补偿，以使客户更容易接受我们所提出的价格。

比如，一家自动剃须刀生产商面对经销商的降价要求时，这样回答道：“这个价位已经很低了，不能再降了。这样吧，我们再给你们配上一对电池，既可赠送促销，又可另作零售，您觉得怎么样?”赠送电池远比接受经销商的降价要求要划算，但就是这小小的电池，常常能促成一大笔生意。

再比如，房地产开发商发现电梯供销商的报价比其他同行稍高后，多次提出降价的要求。对此，供应商信心十足地表示：“我们的产品是国家免检产品，采用的是优质原料、进口生产线，与其他厂家相比，成本要稍高一些。但是，我们的产品美观耐用，安全节能，况且售后服务完善，一年包换，终身维修，每年还有两次免费的例行保养和维护，可以很好地帮助您解除后顾之忧。这样的售后服务，是其他同行没办法做到的，我想，这也是贵公司选择与我们合作的原因。”房地产开发商一听，觉得确实是这么回事，便妥协了。

当与对方僵持不下时，不妨采用迂回补偿的方法来实现拒绝。我们可以根据谈判对手的情况，投其所好，施以小恩小惠，利而诱之，促使其让步或最终达成协议。这样一来，不仅达到了拒绝的目的，还不会破坏双方之间的合作关系。

善于利用模糊语言来表达态度

生活中，当一个人不想让对方知道自己的真实意图，或是对自己的表述没有肯定的把握和信心时，便会说一些模棱两可的话。比如，评论完某个人或某件事，阐述一个观点以后，常常喜欢加上“不过，有时也会……”一类的话，以便如果自己的看法不正确时能有台阶可下。

有很多人对这样的表达方法很反感，不肯定也不否定，让人觉得说话的人“永远正确”。但是，模糊语言一旦摆到谈判桌上，往往就能起到很好的作用和效果。在商务谈判中，总会有需要拒绝对方的时候，为了不影响谈判的气氛，不让彼此尴尬和难堪，我们可以用模糊的语言来表达拒绝之意。

如果对方急于知道我们的态度，而我们却认为时机未到时，我们可以这样回答：“可以，等我向公司董事会汇报情况后，我将以最快的速度转告贵方。”这样的回答，表面上是答应了，而事实上却是一种拒绝。

因为，虽然“以最快速度”给人以率直、爽快的感觉，但毕竟没有确定地给出答复，到时候，如果觉得不合适，就会有若干以董事会名义提出来的反对意见。这样的回答不仅让对方不好再步步紧逼，还为自己争取到了更多的主动权。

在谈判中，有时候，对手为了试探我们的底线，或是了解更多的信息时，常常会有意无意地限定我们的答话范围。这时候，模糊语言可以帮助我们跳出圈外，很好地保护自己不受对方的牵制。

比如，在一次商务谈判中，卖方问及对价格条件的选择时，买方为了防止过早被固定话题，作出了这样的回答：“离岸价格和到岸价格各有优劣，我们将认真比较，研究对待，并争取尽早给贵方答复。”这种用积极的态度和模糊语言相结合的表达方式所构成的防线，一般很难让对方打开缺口。

在谈判中，越是沉不住气，越容易暴露更多的信息，对自己就越不利。所以，在谈判中，有时候，不仅可以用模糊的语言来拒绝表态，还可以用模糊不清的回答或故意曲解对方的意思，来达到刺激对方情绪的目的，使他因为情绪的波动或一时的冲动，暴露出更多的真实意图和有用信息。

在谈判进程中，有时候，可以利用体力消耗带来的注意力松懈，以及戒备心理进入低潮的时间段，用模糊的语言巧妙地转移话题，或是促使对方进入己方设计好的疑问中苦思答案和对策，以此来拒绝回答对己方不利的问题。

A 公司是一家水泥经销商，与公司所在地区的几家供货单位都有业务关系。一次，在和工厂谈判时，在价格问题上双方久争不下。这时，A 公司的谈判人员突然抛出了一个新的问题：“最近，我们公司听到一个传言，说贵方把附近几家工厂的散装水泥按出厂价收购，然后再重新灌装销售给我们，有这么回事吗？”对方一听愣了，反应过来后急忙回答：“绝对没有这回事！”“哦，外面有这种说法，我们就是想证实一下。”A 公司的谈判人员轻描淡写地回答道。工厂的代表有些不确定地回答说：“不可能吧？厂里的事我们不会不知道呀！”A 公司的代表微笑着说：“我们也不相信贵方会这样做……”

就这样，双方顺着这件事谈开了，一方表示“将信将疑”，另一方则赌咒“这绝不可能”，等买方说“时间不早了，让我们先休息一下，明天再谈”的时候，他们的目的就已经达到了。下次再谈的时候，卖方的心理上无形中已经多了一个干扰信心的负担。

用模糊语言来表示不同的意见，既不会使双方感到难堪，又可以达到拒绝对方的目的。比如，当对方陈述完毕之后，我们可以这样说：“也许你这样做是对的，不过，我们仍然无法最终肯定……”还可以这么说：“我们基本上赞同你的看法，但是，我们毕竟各自代表本公司的利益，你说是吗？”这种表达，既给对方以一定的肯定，不至于危及谈判的顺利进行，又间接否定了对方的意见，还给他以合作的、建设性的、抱有诚意的姿态，这种效果不是简单地反驳或拒绝所能达到的。

谈判中，有时会因某种原因不便或不愿把自己的真实思想暴露给别人，这时就可以把我们要输出的信息“模糊化”，这样既能避免得罪对方，影响谈判的顺利进行，又能达到拒绝的目的。在谈判中，灵活地运用模糊的语言，往往能为我们争取到更多的主动。

巧妙应酬职场中的敬酒

身在职场，难免会有应酬，有应酬就免不了喝酒，而拒绝别人的敬酒，确实不是一件容易的事情，特别是当对方还是我们的重要客户时，拒酒就更是一门学问了。

晓敏是刚毕业的大学生，刚到公司一个星期，就有客户请客吃饭。晓敏人长得漂亮，客户没说两句就上前来敬酒。晓敏在朋友圈子里，是出了名的“一杯倒”，一杯啤酒都能让她醉得不省人事。所以，当客户敬酒时，她连连摆手说：“真是对不起！我真不会喝酒！”不论客户怎么劝，她都是这一句话，这下客户不高兴了：“你这小姑娘怎么这样？架子这么大！”客户身后的老板赶紧赔笑道：“她是刚毕业的大学生，不懂事！”说完，狠狠地瞪了晓敏一眼。晓敏觉得很委屈，自己又没撒谎，是真的不能喝呀！

小翟是公司的客户经理，需要经常与客户沟通交流。要谈生意，自然就免不了应酬。刚进公司的时候，前辈们就对小翟说过：“无酒不成席，客户得罪不起，你不喝也得喝！”为了能争取到更多的客户，应酬上，凡是有人敬酒，小翟都来者不拒。一段时间后，小翟活脱脱地从滴酒不沾变成了“一斤不醉”。可是，即便是这样，小翟还是经常喝醉，不仅耽误了几笔重要的合同，还喝出了胃病，有一次甚至因为酒后驾驶差点出了车祸。妻子因为这事不知跟他吵了多少次，小翟对酒也是深恶痛绝了，但是对于拒绝客户敬酒，依然是束手无策。

像晓敏一样坚决拒绝，滴酒不沾不行，因为会得罪敬酒劝酒的人；而像小翟这样来者不拒，有多少喝多少也不行，伤身体不算，还会误了正事。那么，在应酬上，要怎么做，才能既拒了酒，又能不得罪客户，甚至还能博得同情和认可呢？

这就需要我们首先明确一点，应酬上喝酒不可避免，但绝不是喝的酒越多，工作能力就越强。也不代表喝的酒越多，客户给的尊重就越多。能否赢得别人的尊重关键还是要看自己的工作能力。明白了这点，再来拒绝客户的敬酒时，就不会有那么大的心理负担了。

在参加应酬前，一定要清楚自己的酒量，做到心中有数。如果在自己可以承受的范围内，就可以适当地接受客户的敬酒，如果已经超过了底线，就要学着拒绝。在拒绝时，每个人都可以根据实际情况和自己的特长予以灵活应对，不提倡那种义正词严的拒绝，因为那可能导致“一人向隅，举座为之不欢”的尴尬场面。方法其实很多，比如，你可以讲个小故事，唱个祝酒歌，等等。

为了自己的身体健康，我们不得不适当拒绝别人的敬酒。为了不让劝酒者扫兴，不得罪客户，我们可以根据情况，使用适当的拒酒词。

公司一个重要客户请吃饭，小玫作为新上任的客户经理，不得不带病出席应酬。对方是东北人，说话喝酒都带着一股子豪爽劲儿，看得小玫心里直叫苦。因为身体实在不舒服，当客户前来敬酒时，她只是象征性地抿了一小口。客户一脸不高兴，小玫却笑眯眯地解释道：“九千九百九十九朵玫瑰也难成全一段爱情佳话，只有感情不够，才用玫瑰来凑。只要感情好，能喝多少喝多少。我不希望我们的感情掺和那么多‘水分’。杜总，我虽然只喝了一点儿，但点点滴滴都是情，这一点儿可是有着对您浓浓的敬意呢！”对方一听，“哈哈”笑了起来，便也不再强劝了。

我们也可以试试这样说：“跟不喜欢的人在一起喝酒，是一种痛苦；跟喜欢的人在一起喝酒，是一种感动。今天能和各位领导坐在一起吃饭，一起合作，说明咱们感情到了位。只要感情到了位，不喝也陶醉。”还可以在拒绝前，多说一些赞美的话，抬高对方。

我们如果确实不能沾酒，就不妨说服对方，以饮料或茶水代酒。我们可以先问问他：“经理，您说说，咱俩有没有交情？”他肯定会答：“有！”这时我们就可以顺势说：“只要感情有，喝什么都是酒。感情是什么？感情就是理解，理解万岁！”然后我们便可以茶代酒，表示一下。

如果他劝我们：“喝，感情铁，喝出血；宁伤身体，不伤感情；宁把肠胃喝个洞，也不让感情裂个缝！”这明显是不理性的表现，我们完全可以这样回答：“我们要理性消费，理性喝酒。为了不伤感情，我喝；为了不伤身体，我喝一点儿。”然后量力而行，适当喝一些。

拒酒词还有很多，要懂得随机应变，“兵来将挡，酒来词拒”。我们虽然没有酒量，但凭着我们的机智和口才也可以在交际场上应对周旋，游刃有余。

拒绝客户的敬酒，是一门艺术。应酬时，一定要懂得把握“适度”的原则，要学会拒绝。拒绝敬酒有很多方法，关键是要懂得随机应变。适当地学习一些拒酒词，在关键时候，往往能很好地帮助我们实现拒绝的目的，还不会影响到应酬的气氛和彼此之间的合作。

尊重客户而不是迁就

因为很多原因，我们常常需要对客户说“不”。拒绝并不是一件令人愉快的事，常常会让人难以接受，然而，对绝大多数客户来说，比起拒绝，不被尊重往往让他们更难以接受。

一个月前，肖钢在商场买了一部手机。刚开始用的时候一切都很正常，肖钢也挺喜欢的。可是近一周来，手机动不动就自动关机，肖钢想，可能是手机电池有问题，便拿着手机到商场，想要换一部新手机。

肖钢到了专柜前，对前来接待他的客服人员说：“我想换一部新手机，这部手机的电池好像有问题……”客服人员一脸不耐烦地打断他：“发票和保修卡带了吗？”肖钢点点头，随后掏出相关的票据递给他。

客服人员粗略地一扫，发现肖钢购机的时间已经超过了一个月，也不问是什么问题，便直接拒绝道：“你这个都已经买了一个多月了，明显已经超过了包换的期限，怎么可能给你换新的呢？只能报修！”客服人员生硬的态度让肖钢很不舒服，但是，他想想能修好也行，便说道：“那就报修吧！多长时间能修好呢？”客服人员翻了翻登记本，头也不抬地说：“等着吧，现在维修人员不在，前面还有好几部呢！”说完就打算转身离开，肖钢赶紧叫住他：“能不能帮忙催一下？我下午还要上班，怕来不及！”客服人员不高兴地回道：“你要上班那是你的事，师傅不在，你让我上哪催去？”客服人员那副高高在上，不耐烦的姿态彻底地惹恼了肖钢，肖钢不客气地和他吵了起来，还直接打了商场的投诉电话，把他们的经理叫了下来。

经理到后，不停地赔不是，肖钢的手机也很快被修好了，但他的好心情也消失殆尽了。走之前，肖钢对经理说道:“都说客户是上帝，先不说你们的产品如何，你们这样的服务态度，实在不敢恭维。我以后再也不会来你们这买东西，不仅如此，我还要把今天的事告诉我周围的亲人和朋友，让他们看看你们都是怎么做生意的!”

很明显，在这个例子中，被拒绝更换新手机，肖钢并不是不能接受，最关键的问题在于肖钢觉得自己没有受到起码的尊重。客服人员不仅没有听完他的申诉就回绝了他的要求，而且还态度恶劣，肖钢当然就不能忍受了。表面上看，这位客服人员成功地拒绝了客户的要求，实际上却让商场失去了一个甚至是更多的潜在客户，严重影响到了商场的声誉。

所以，在拒绝客户时，一定要给客户足够的尊重和重视，这是拒绝客户的前提，也是拒绝成功的关键。

还是上面那个例子，如果一开始的时候，客服人员就能面带微笑，主动询问肖钢的来意，并能耐心地倾听肖钢的投诉，那么，肖钢的不良情绪就能得到很好的安抚，接下来再谈维修的事，他也就更容易接受。而仔细倾听对客服人员也有好处，可以帮助他更好地了解到肖钢的需求，并分析商场能否满足他的需求，然后更好地寻找对策。

要想解决问题，首先就要知道问题出在了哪里。只有尊重客户，耐心地倾听客户的申诉，才可能更快地找到问题的焦点，也才能有效地解决问题，并能让我们的拒绝变得更有针对性。

除了倾听客户的心声之外，尊重对方的另一个表现就是不要让对方感觉自己受到了冷落。有的公司，在处理客户的意见或投诉时，习惯采用“冷处理”的方式——将意见丢到一边，或把来访的客户“晾”在会客室不管，试图以这样的方式让对方知难而退，主动放弃。这样的做法，或许也可以达到拒绝的目的，但很可能使公司的信誉也会因此而一落千丈。

因此，在与客户交流的过程中，不论能否解决客户提出的问题，都应该给予他们最起码的尊重，不能让他们遭受到无礼的对待。比如，客户打来投诉电话，或是通过信件的方式来抱怨，都应该引起重视，及时地用恰当的方式予以回应和处理。再比如，如果客户亲自找上门来，不管对方态度如何，都应该热情招待，先弄清楚情况，再耐心地进行解释。

只有客户积极配合，才能更快地解决问题。所以，要想拒绝客户的一些要求，就要先尊重客户。

尊重他人是一个人最起码的修养。要想拒绝客户的要求，又不破坏彼此之间的合作关系的话，我们就应该给客户足够的尊重。只有感觉自己被尊重、被重视，客户才可能愿意配合我们，也才能更有效地解决问题。

在谈判中说“不”的艺术

谈判的目的性决定了谈判中充满了说“不”的机会，有时对方提出的要求或观点与自己相反或相差太远，这就需要予以否定和拒绝。有人说：“谈判犹如拳击，出手必击对手要害，缩手必是蓄势待发。”在谈判中，拒绝是一种手段，也是一门艺术。只有懂得选择恰当的语言、恰当的方式、恰当的时机，而且留有余地，巧妙地说“不”，才能使谈判达到满意的效果。那么，在谈判中，应该怎样说“不”，才不会让谈判陷入僵局，又能让自己赢得主动呢？下面介绍几种常用的方法。

直接拒绝并不等于生硬拒绝，而是在保持良好的氛围前提下，将拒绝的意思表达得更直接、简洁。比如，当对方想趁机突破我们的心理防线时，我们不妨以“没有这样的先例”为由，直接而巧妙地回绝对方。

强硬地拒绝对方，很可能会恶化双方的关系，甚至导致对方对我们的攻击。在拒绝对方前，我们不妨先要求对方满足自己的一个条件，以此为交换条件，如果对方能满足，则我们也可以满足对方的要求；如对方不能满足，那么我们也就无能为力了。

国外银行的贷款发放人员就常常用这种方法，来拒绝向那些不合格的发放对象发放贷款。例如，日本某著名医院的院长，在创办该医院时，还是个一贫如洗的医学院毕业生。他去向银行借贷时，银行的主管对他说：“如果你能从亲戚朋友那里获得一些不动产或有价证券做担保，或者有著名的大公司做担保的话，我一定批准你的贷款要求。”

这是一种留有余地的拒绝，它的好处在于，既拒绝了别人的要求，又为自己留下了后路，还不会破坏自己的形象和彼此之间的合作关系。

每个人都渴望被了解和认同，可利用这一点从对方意见中找出彼此同意的非实质性内容，予以肯定，产生共鸣，造成“英雄所见略同”之感，再借机顺势表达不同的看法。

某玩具公司经理面对经销商对产品知名度的诘难和质疑，坦然地说：“正如你所说，我们的品牌并不是很知名，可我们在产品研发上，花费了大量的经费，生产出的产品新颖时尚，质量优良，自产品面世以来，深受顾客欢迎，市场前景看好，有些地方竟然脱销……”这样的表达，可以使对方很难再进一步讨价还价，气氛也不会因此变僵。

在谈判中说“不”时除了要讲究方法外，还应该注意下面这些问题。

第一，说“不”只是一种手段而不是目的。在谈判中，说“不”不是为了拒绝，而是为了自己的利益，为了取得谈判的成功。因此，在表达拒绝之意时，一定要控制好自己的情绪，注意自己的语气和措辞。

第二，谈判中说“不”是相对的。谈判中说“不”绝不是谈判破裂或彻底失败，说“不”只是否定了对方的进一步要求，而且谈判中的“不”往往不等于全盘否定，也不意味着谈判就此结束。

第三，说“不”一定要果断。有的谈判者面对老熟人、老朋友、老客户时，该拒绝的地方不好意思拒绝，生怕对方面子上下不来。该拒绝的时候不拒绝，当无法兑现对方的要求或条件时，就会失信于人，破坏双方的合作关系。因此，对于对方提出的不合理条件，应该及时果断地说“不”。

谈判是满足双方需要的一个过程。在这个过程中，每个人的需要不同，自然会呈现出不同的行为表现。由于利益上的冲突，谈判中彼此不满意的情况时有发生，这都是很正常的。要想在谈判中获利，掌握主动，就要敢于并善于对对方提出的不合理的条件和要求说“不”。

拖延也是一种态度

拖延，实际是等待机会，既给别人机会也给自己机会。在拖延的过程中，该着急的一方很可能会因为拖不起而不得不作出让步。所以，拖延也是一种拒绝，从某种程度上说，谈判双方谁能拖得住，谁就占了主动。

在商务谈判中，人们也经常会用拖延的方式来达到拒绝的目的，尤其是东道主一方。他们或者在谈判中故意拖延时间，或是借故推迟谈判，或是出尔反尔地要求重新谈判，以此不断地对对方施加压力，迫使对方不得不作出让步。

A 公司是美国一家新兴的电子公司，最近，由于业务拓展的关系，A 公司决定与日本的公司合作，约翰作为 A 公司的代表被派往日本进行合作谈判。

由于这是约翰第一次被派往国外执行任务，所以他异常激动。因为公司非常重视这次谈判，约翰也不敢掉以轻心，在去日本之前，他花了不少时间了解日本人的习俗和心理。公司还为他购买了双程机票，登机时，他还一再鼓励自己："这次我一定要大显身手！"

飞机在东京机场降落时，约翰第一个走下了飞机。在机场迎接他的是两位彬彬有礼的日本绅士。主人们的尊敬态度，让约翰高兴不已。两位日本人为他一项一项地办完各种手续，便把他送上了一辆豪华轿车。

路上，对方关切地问约翰："请问先生，您是不是按预订的飞机班次离开日本？我们可以为您安排车，送您到机场。"约翰心想：日本人做事可真细心！”于是他从口袋里掏出 14 天后的返程机票，交给了他们，好让他们根据机票的日期和班次，准备汽车送他。

但令他没想到的是，这样一来，日方公司自然就知道了他的“谈判期限”是 14 天，而他对对方的信息却一无所知。

在东京安顿下来之后，日方公司并没有急于开始谈判，而是领着约翰到处游览，让他领略日本人的好客和民族文化，他们甚至还为约翰报名参加了研究日本禅道的英语班。每天晚上，约翰总要花上几个小时，同日本人坐在榻榻米上，享受日本的传统晚餐，观赏日本舞伎的表演。每当约翰向他们问起何时开始谈判时，他们总是说：“还早还早，别急别急！”

终于熬到第 12 天，还有两天约翰就要离开日本了，日方才开始了谈判。可是，为了去打高尔夫球，谈判又很早就中止了。到了第 13 天，又因为约翰要出席日方为他安排的欢送盛宴，而早早就中止了谈判。到了第 14 天，也是谈判的最后一天，正当大家认认真真地开始讨价还价时，送他到机场的轿车又到了，等他启程返回美国。于是，最重要的问题，只能在轿车里继续讨论。随着汽车的飞驰，他们也只好快马加鞭，将遗留下的问题匆匆解决掉。直到汽车到达机场，谈判才宣告结束。

谈判的结果可想而知。日方公司用这样的拖延战术，拒绝与约翰进行谈判，完全控制了整个谈判的节奏，赢得了主动，最大限度地为自己的公司争取了利益。

20 世纪 80 年代末，硅谷的一家电子公司研制出了一种新型集成电路，其先进性尚不能被公众所了解，而此时，公司又负债累累，即将破产，这种集成电路成了公司最后的希望。幸运的是，欧洲的一家公司慧眼识珠，派了 3 名代表前来洽谈转让事宜。虽然看起来诚意不小，但报价却只有研制费用的 2/3。

电子公司的代表听到这后，站起来说：“先生们，今天先到这儿吧！”

从开始到结束，这次洽谈只持续了三分钟。岂料，下午欧洲人就要求重开谈判，态度明显好了不少，最终，电路专利以一个较高的价格进行了转让，电子公司也因此转危为安。

电子公司的代表为什么敢“腰斩”谈判呢？因为他知道，拖延施压有两个要点：一是压力要强到让对方知道自己的决心不可动摇；二是压力不要强过对方的承受能力。他估计到欧洲人既然过来谈判，绝不会只因为这三分钟就打道回府。这三分钟的会谈，看似打破常规，在当时当地，却是让对方丢掉幻想的最佳方法。可见，拖延战术如果运用得好，不仅可以拒绝对方的一些苛刻、无理的要求，还可以化被动为主动，为自己争取到更多的价值。

一位心理学家曾说过这样一句话：“拖延是最厉害的拒绝。”在谈判中，拖延战术是对谈判者意志施压的一种最常用的办法。突然的中止、含混不清的答复，甚至完全不给予答复往往比破口大骂、暴跳如雷更难以让人忍受，也更容易在无形之中就达到拒绝的目的。

如何在说“不”中掌握主动

在谈判中，我们常常需要说“不”。当然，说“不”的最终目的不是拒绝，而是为了争取更大的利益，为了取得谈判的成功。学会说“不”，往往能让我们在拒绝中掌握更大的主动权。

多年前，哈维·麦凯曾为一位很棒的美式足球运动员做过免费经纪人。那位足球员叫安得，当时有两支队伍都在争夺他——加拿大足球联盟的多伦多冒险者队和美国足球联盟的巴尔的摩小马队。

安得生在一个黑人家庭中，兄弟姐妹一共 9 人，家里很穷。因此，麦凯先生下定决心，要为他争取到最好的待遇，并且还得在两大老板间作出选择。当时，多伦多队的老板是巴赛特他还是当地一家报社的老板，干得有声有色。而巴尔的摩队的老板是罗森布伦，从事服装业和运动业，赚了不少钱。这两个老板的共同特点是：富有、精明、争强好胜，但麦凯也不是泛泛之辈。

在开始谈判前，麦凯首先让罗森布伦知道，他要先跟多伦多队谈谈。见到巴赛特后，他果然出了个很吸引人的价码。而麦凯的直觉却告诉他，他们必须马上离开此地，到巴尔的摩去。因此，麦凯客气地回答道：“非常感谢您，巴赛特先生。您开价这么高，我们一定会谨慎考虑，我们会再跟您联系的。”

巴赛特冷冷一笑，说：“你们可以考虑，不过，我要补充一点，我开的价码只有在这个房间里谈妥才算数，你一离开这房间，我就立刻打电话给巴尔的摩的罗森布伦先生，告诉他我对这个球员已经没有兴趣了。”尴尬地呆站了一两分钟后，麦凯问道：“我可不可以和我的客户在隔壁房间商量一下？”得到允许后，麦凯把安得拉到窗户旁，低声说：“我们必须马上离开这里，到巴尔的摩去。你假装受不了刺激，精神快要崩溃了，或者我告诉他，我必须赶回明尼阿波利斯去交涉一些劳工问题。”

安得看着麦凯，觉得有些不可思议，那么一大笔钱啊！他甚至觉得麦凯是在拿他的前途开玩笑。最后，麦凯只好用处理劳工问题作为离开的借口。

麦凯对巴赛特说：“巴赛特先生，今晚我一定得赶回明尼阿波利斯去协调一些劳工问题。安得这件事，还有很多需要谨慎考虑的问题，不过，您可以放心，我保证，明天一定给您答复！”

巴赛特听后没说话，而是直接拿起了电话。安得以为他要给罗森布伦打电话，吓得连气都不敢喘了。还好，他找的是自己的秘书，麦凯听到他说：“我们那三架小型喷气机在不在？派一架送麦凯和安得先生回明尼阿波利斯。”

这下，麦凯更是尴尬了。既然已经厚着脸皮撒了这个弥天大谎，又当场被逮住，没办法，只剩一条路可走了。于是，麦凯对巴赛特说：“巴赛特先生，我想您也别打电话到巴尔的摩去了，这桩生意我们不做了。”安得一听，差点气疯了。

第二天，麦凯和安得来到了巴尔的摩，与罗森布伦谈判并签订了合约，条件比巴赛特那边还要好。就这样，安得加入了巴尔的摩队，并为其整整效力了 10 年，帮助球队打进过两回超级杯比赛。后来，罗森布伦把加盟职业队的权利卖给洛杉矶公牛队时，只带了一位球员跟着他到加州，那位球员就是安得。

麦凯在这次谈判中之所以能够取得成功，是因为他掌握了两项很重要的诀窍：第一，随时准备说“不”；第二，在谈判中，最有力的工具是掌握情报。巴赛特之所以希望安得在离开办公室之前签约，是因为他知道罗森布伦提供的条件比他要好。一个精明的商人单凭直觉，就知道绝不能在这种情况下签约。

在谈判中，我们一定要学会说“不”，这样，我们的谈判条件自然会水涨船高。并且，如果我们是买方，你一定时刻警觉，因为卖方可是会随时算计我们，想尽一切办法和我们一举成交。时间对卖方来说是不利的，但对我们却不是，这就是为什么卖方总在暗示我们当机立断，现在就买，如果我们不为所动，他们就会想办法让步。因此，在谈判中，如果我们觉得条件不行，就要随时说“不”，让对方将条件向上提，直到我们满意为止。

在与客户谈判时，我们一定要学会说“不”。掌握说“不”的诀窍，可以让我们更好地掌握谈判的主动权。因为，只有懂得巧妙拒绝，才能让对方重新考虑我们的条件和建议，从而使结果对我们更为有利。